U0543562

什么是哲学?

[意]吉奥乔·阿甘本(Giorgio Agamben)|著
蓝 江|译

上海社会科学院出版社
SHANGHAI ACADEMY OF SOCIAL SCIENCES PRESS

目　录

- 总　序 -

重拾拜德雅之学

1

中国古代，士之教育的主要内容是德与雅。《礼记》云：“乐正崇四术，立四教，顺先王《诗》《书》《礼》《乐》以造士。春秋教以《礼》《乐》，冬夏教以《诗》《书》。”这些便是针对士之潜在人选所开展的文化、政治教育的内容，其目的在于使之在品质、学识、洞见、政论上均能符合士的标准，以成为真正有德的博雅之士。

实际上，不仅是中国，古希腊也存在着类似的德雅兼蓄之学，即 paideia（παιδεία）。paideia 是古希腊城邦用于教化和培育城邦公民的教学内容，亦即古希腊学园中所传授的治理城邦的学问。古希腊的学园多招收贵族子弟，他们所维护的也是城邦贵族统治的秩序。在古希腊学园中，一般教授修辞学、语法学、音乐、诗歌、哲学，当然也会讲授今天被视为自然科学的某些学问，如算术和医学。不过在古希腊，这些学科之间的区分没有那么明显，更不会存在今天的文理之分。相反，这些在学园里被讲授的学问被统一称为 paideia。经过 paideia 之学的培育，这些贵族身份的公民会变得“καλὸς κἀγαθός”（雅而有德），这个古希腊词语形容理想的人的行为，而古希腊历史学家希罗多德（Ἡρόδοτος）常在他的《历史》中用这个词来描绘古典时代的英雄形象。

在古希腊，对 paideia 之学呼声最高的，莫过于智者学派的演说家和教育家伊索克拉底（Ἰσοκράτης），他大力主张对全体城邦公民开展 paideia 的教育。在伊索克拉底看来，paideia 已然不再是某个特权阶层让其后嗣垄断统治权力的教育，相反，真正的 paideia 教育在于给人们以心灵的启迪，开启人们的心智，与此同时，paideia 教育也让雅典人真正具有了人的美德。在伊索克拉底那里，paideia 赋予了雅典公民淳美的品德、高雅的性情，这正是雅典公民获得独一无二的人之美德的唯一途径。在这个意义上，paideia 之学，经过伊索克拉底的改造，成为一种让人成长的学问，让人从 paideia 之中寻找到属于人的德性和智慧。或许，这就是中世纪基督教教育中，及文艺复兴时期，paideia 被等同于人文学的原因。

2

在《词与物》最后，福柯提出了一个“人文科学”的问题。福柯认为，人文科学是一门关于人的科学，而这门科学，绝不是像某些生物学家和进化论者所认为的那样，从简单的生物学范畴来思考人的存在。相反，福柯认为，人是“这样一个生物，即他从他所完全属于的并且他的整个存在据以被贯穿的生命内部构成了他赖以生活的种种表象，并且在这些表象的基础上,他拥有了能去恰好表象生命这个奇特力量”[1]。尽管福柯这段话十分绕口，但他的意思是很明确的，人在这个世界上的存在是一个相当复杂的现象，它所涉及的是我们在这个世界上的方方面面，包括哲学、语言、诗歌等。这样，人文科学绝不是从某个孤立的角度(如单独从哲学的角度，

1　米歇尔·福柯:《词与物》，莫伟民译，上海：上海三联书店，2001 年，第 459-460 页。

单独从文学的角度，单独从艺术的角度)去审视我们作为人在这个世界上的存在，相反，它有助于我们思考自己在面对这个世界的综合复杂性时的构成性存在。

其实早在福柯之前，德国古典学家魏尔纳·贾格尔(Werner Jaeger)就将 paideia 看成一个超越所有学科之上的人文学总体之学。正如贾格尔所说，“paideia，不仅仅是一个符号名称，更是代表着这个词所展现出来的历史主题。事实上，和其他非常广泛的概念一样，这个主题非常难以界定，它拒绝被限定在一个抽象的表达之下。唯有当我们阅读其历史，并跟随其脚步孜孜不倦地观察它如何实现自身，我们才能理解这个词的完整内容和含义。……我们很难避免用诸如文明、文化、传统、文学或教育之类的词汇来表达它。但这些词没有一个可以覆盖 paideia 这个词在古希腊时期的意义。上述那些词都只涉及 paideia 的某个侧面：除非把那些表达综合在一起，我们才能看到这个古希腊概念的范阈”[1]。贾格尔强调的正是后来福柯所主张的“人文科学”所涉及的内涵，也就是说，paideia 代表着一种先于现代人文科学分科之前的总体性对人

1 Werner Jaeger. *Paideia: The Ideals of Greek Culture. Vol. 1*, Oxford: Blackwell, 1946, p.i.

文科学的综合性探讨研究，它所涉及的，就是人之所以为人的诸多方面的总和，那些使人具有人之心智、人之德性、人之美感的全部领域的汇集。这也正是福柯所说的人文科学就是人的实证性（positivité）之所是，在这个意义上，福柯与贾格尔对paideia的界定是高度统一的，他们共同关心的是，究竟是什么，让我们在这个大地上具有了诸如此类的人的秉性，又是什么塑造了全体人类的秉性。paideia，一门综合性的人文科学，正如伊索克拉底所说的那样，一方面给予我们智慧的启迪；另一方面又赋予我们人之所以为人的生命形式。对这门科学的探索，必然同时涉及两个不同侧面：一方面是对经典的探索，寻求那些已经被确认为人的秉性的美德，在这个基础上，去探索人之所以为人的种种学问；另一方面，也更为重要的是，我们需要依循着福柯的足迹，在探索了我们在这个世界上的生命形式之后，最终还要对这种作为实质性的生命形式进行反思、批判和超越，即让我们的生命在其形式的极限处颤动。

这样，paideia同时包括的两个侧面，也意味着人们对自己的生命和存在进行探索的两个方向：一方面它有着古典学的厚重，代表着人文科学悠久历史发展中形成的良好传统，孜孜不倦地寻找人生的真谛；另一方面，也代表着人文科学努力在生命的边缘处，寻找向着生命形式的外部空间拓展，以延伸我们内在生命的可能。

3

这就是我们出版这套丛书的初衷。不过，我们并没有将 paideia 一词直接翻译为常用译法“人文学”，因为这个“人文学”在中文语境中使用起来，会偏离这个词原本的特有含义，所以，我们将 paideia 音译为“拜德雅”。此译首先是在发音上十分近似于其古希腊词汇，更重要的是，这门学问诞生之初，便是德雅兼蓄之学。和我们中国古代德雅之学强调“六艺”一样，古希腊的拜德雅之学也有相对固定的分目，或称为“八艺”，即体操、语法、修辞、音乐、数学、地理、自然史与哲学。这八门学科，体现出拜德雅之学从来就不是孤立地在某一个门类下的专门之学，而是统摄了古代的科学、哲学、艺术、语言学甚至体育等门类的综合性之学，其中既强调了亚里士多德所谓勇敢、节制、正义、智慧这四种美德

（ἀρετή），也追求诸如音乐之类的雅学。同时，在古希腊人看来，“雅而有德”是一个崇高的理想。我们的教育，我们的人文学，最终是要面向一个高雅而有德的品质，因而我们在音译中选用了“拜”这个字。这样，“拜德雅”既从音译上翻译了这个古希腊词汇，也很好地从意译上表达了它的含义，避免了单纯叫作“人文学”所可能引生的不必要的歧义。本丛书的 logo，由黑白八点构成，以玄为德，以白为雅，黑白双色正好体现德雅兼蓄之意。同时，这八个点既对应于拜德雅之学的“八艺”，也对应于柏拉图在《蒂迈欧篇》中谈到的正六面体（五种柏拉图体之一）的八个顶点。它既是智慧美德的象征，也体现了审美的典雅。

不过，对于今天的我们来说，更重要的是，跟随福柯的脚步，向着一种新型的人文科学，即一种新的拜德雅前进。在我们的系列中，既包括那些作为人类思想精华的**经典作品**，也包括那些试图冲破人文学既有之藩篱，去探寻我们生命形式的可能性的**前沿著作**。

既然是新人文科学，既然是新拜德雅之学，那么现代人文科学分科的体系在我们的系列中或许就显得不那么重要了。这个拜德雅系列，已经将历史学、艺术学、文学或诗学、哲学、政治学、法学，乃至社会学、经济学等多门学科涵括在内，其中的作品，或许就是各个学科共同的精神财富。对这样一些作品的译介，正是要达到这样一个目的：在一个大的人文学的背景下，在一个大的拜德雅之下，来自不同学科的我们，可以在同样的文字中，去呼吸这些伟大著作为我们带来的新鲜空气。

什么是哲学？

Che cos'è la filosofia?

前　言

某种意义上，这里收录的五个文本都包含一种哲学观念，这差不多回答了本书书名的问题，显而易见(若果真如此)，这仅是针对那些怀着友好的精神来阅读它们的人而言。如已经说过的那样，那些发现自己在某个(或对或错，在他们看来都是野蛮的)时代写作的人，必须知晓其表达的力量和能力并不因此而被增强，而是被削减和损耗了。然而，因为他没有别的选择，悲观又与其本性相违——他似乎也不会确定无疑地追忆一个美好年代——作者只能依赖那些经历了同样困难的人(在此意义上，依赖友人)。

与我过去两年写的其他四个文本不同，《语音实验》在一个新的方向上恢复和深化了我于1980年代后半期所作的笔记。因此，它与我这些论文属于同样的语境:《物自体》《不可记忆者的传统》和《*Se：绝对者与*Ereignis*》(后来均收录于

《思想的潜能》,Vicenza 2005)[1],以及《语言实验》(此文作为《幼年与历史》新版[Torino 2001]序言重刊)[2]。

1 中译参见吉奥乔・阿甘本:《潜能》,王立秋、严和来等译,桂林:漓江出版社,2014 年。——译注

2 中译参见吉奥乔・阿甘本:《幼年与历史:经验的毁灭》,尹星译,郑州:河南大学出版社,2016 年。——译注

语音实验

1.

我们应不厌其烦地反思下述事实：尽管每个时代、每个地方都有过且仍有一些其风俗习惯在我们看来野蛮的（或至少无法接受的）社群，以及想要质疑每种规则、文化和传统的或大或小的人类组织；尽管存在过并仍存在完全罪恶的社群，此外，毕竟没有任何规范或价值的合法性能得到所有人的一致认同，然而，现在或曾经都绝不存在任何一个会纯粹而简单地选择宣布放弃语言的团体、社群或组织。在历史进程中，语言使用所隐含的风险和伤害已被多次察知：西方和东方的宗教团体和哲学团体都曾践行过沉默——或用古代那些怀疑论者的说法，“失语”（afasia）——但沉默和失语只是一种试验，旨在更好地使用语言和理性，而非无条件地消除言说的功能，在所有传统中，言说与人之所是似乎不可分离。

于是，诸般问题常被提出，这些问题关乎人类开始言说的方式，并给出关于语言起源的各种假说（显然无法证明，且缺乏严谨性）；但没有人曾好奇为何他们会不停言说。不过，在实践中，事情是简单的：众所周知，如果一个孩子在十一岁之前未在某种程度上接触语言，那他将彻底丧失接受语言的能力。中世纪的材料告诉我们，腓特烈二世想要做一次这样的实验，但其目的完全不同：并非对语言传递的摒弃，而是想要知道人类的自然语言（lingua naturale）是什么样子。这些材料的实验结果令人啼笑皆非：完全被剥夺了任何与语言之联系的孩子自发地讲起了希伯来语（或者，据另一些材料记载，阿拉伯语）。

事实上，废除语言的实验并未在纳粹集中营里被尝试，甚至也未在最为激进和革新的乌托邦团体里被尝试；事实上，甚至没人敢承担这样做的责任——甚至那些杀人不眨眼的人也不敢——毫无疑问，这似乎证明了人性与言说之间无法分离的关联。按照定义，人是拥有语言的生命存在。在此定义中，决定性因素显然并非生命，而是语言（lingua）。

不过，人类无法道出，对他们而言，语言本身，以及他们言说的纯粹事实，所牵涉的是什么。尽管他们或多或少模糊地意识到以他们最常用的方式来使用语言是多么愚蠢——通常是随意的，没有什么要说，或者相互伤害——他们不懈地继续言说，把语言传给他们的后代，却并不了解这究竟是他们最高的善，还是最糟糕的不幸。

2.

让我们从无法理解的观念，以及与语言和理性毫无关联的存在物开始，这种存在物是绝对无法认识的，没有任何关联。这样的观念是如何出现的？通过什么方式，我们才能思考它？一匹狼、一只豪猪、一只蟋蟀是否可以想象这个存在物？我们是否可以说，动物就在他无法理解的世界上活动？正如动物不关心那些无法言说的东西，因此，环境不可能向它们表象为不可言说的东西：在动物的环境中，所有事物都是它的一个标记，并对它说话，所有事物都可以被挑选和综合，完全不关心的东西，对动物来说，根本不存在。另一方面，根据定义，神的心灵不认识无法穿透的东西，他的知识并没有局限，所有事物——即便是人和惰性物质——对他来说都是可以认识的和透明的。

所以，我们需要将无法理解之物理解为智人（homo sapiens）的独一无二的能力，不可言说的事物是仅仅属于人类语言的范畴。这种语言的本质就是他确立了与他谈论的事物之间的特殊关系，不管他如何命名和定性这个事物。我们命名和设想的事物，由于它们被命名这一单纯事实，已经是在语言和知识中被预先设定的东西了。这就是人类言说的最基本的意向，它通常已经与它认为毫无关系的东西保持着关系。

只要假定了一个绝对原则，或者一个超越于思想和语言之上的东西，就必须面对语言的预设（presupponente）特征：始终存在着一种关系，它反过来指向一个非关系原则，而这个非关系原则就是它自己预先设定的（用马拉美的话说，"词语就是通过否定所有其他原则而发展起来的原则"——通过将这个原则变成一个前设，将原质［ἀρχή］变成一个假说）。这就是最原初的神话主题（mitologema），同时，也是言说主体会遭遇到的难题：语言预先设定了某种非语言的东西，然而，这种无关的东西是通过赋予它名称而设定出来的。在名称"树"之下设定的树不可能在语言中被表达出来，我们只能在树拥有了一个“树”的名称之后才能言说树。

当我们思考一种与语言毫无关系的东西时，我们究竟在干什么？当思想试图把握无法理解和无法言说的东西时，它实际上理解的是语言预先设定的结构，语言的意向，以及那种无法理解的东西的存在与那些预先设定为外在于语言的东西之间的关系。唯有通过一种与存在完全无关的语言，我们才能思考一个与语言完全无关的存在。

3.

存在与语言，世界与言说，本体论和逻辑的交织，构成了西方的形而上学，它们是在一个预设结构中被关联起来的。在这里，“预设”代表着最原初意义上的“主体”（soggetto），即 sub-iectum，一个存在物，最初处于最底部，它构成了某种东西，在它的基础上——或者在它的预设的基础上——我们才能言说和说话，反过来，我们不可能去谈论关于它的任何东西（亚里士多德的 πρώτη οὐσία 或 ὑποκείμενον）。“预设”一词是相关的：ὑποκεῖθαι 事

实上就是 ὑποτιθέναι 的完成被动语态，字面意思是“置于下方”，所以 ὑποκείμενον 的意思是“某种已经被设定，已经被置于下方，处于论断根基处的东西”。在这个意义上，柏拉图质疑了语言学的意指关系，他写道：“所有这一类名称，都被预设了（ὑπόκειταί）一个不同的实质（οὐσία）。”（《普罗泰戈拉篇》，349b）还有，“最初的那些完全没有预设任何东西（οἷς οὔπε ἕτερα ὑπόκειται）的名称，如何能让我们弄清楚实体？”（《克拉底鲁篇》，422d）存在就是语言中（在展现它的名称中）预设的东西，在它的预设基础上，我们可以说出我们所说的东西。

所以，这个预设表达了语言和存在，名称和事物之间的原初关系。而最初的预设就是，存在这样一种关系。假定语言和世界之间的关系——假定了这个预设——就是西方哲学所想象的人类语言的构成性操作：本体 – 逻辑（onto-logia），即存在被言说和言说指向存在的事实。论断和话语只有在如下预设基础上才是可能的：在后者的基础上，论断才能被理解为 λέγειν τι κατά τινος，即在某物之上谈论某物。“在某物之上”（κατά τινος）与“谈论某物”并不一样，而是同时表达和隐藏了这一事实，即语言和存在之间的本体－逻辑关联通常已经在其中被预设了——或者说，语言通常依赖于某物，并不会空谈。

4.

在亚里士多德的《范畴篇》中，存在与语言之间的交织关系采用了预设式的架构形式。当古代的评论家界定了这本书的对象时，他们很好地理解了这一点（即这本书谈的是词语，或实体，或概念），在《范畴篇》中，亚里士多德并不纯粹是谈词语、谈实体、谈概念，而是谈“一些术语，它们意味着借由概念来理解的实体”。用阿拉伯的一位评论者的话来说：“逻辑研究所谈论的对象，正是借由术语来设定的对象［……］逻辑学家并不会涉猎在物质材料上有所不同的实质（sostanza）或物体（corpo），抑或正在运动的，或拥有尺寸和面积的物体，相反，他们所涉猎的是借由术语（如‘实质’）设定的物体。”这里的关键是“借由”（in quanto），即由一个名称所设定的存在实体：这就是——或应当是——逻辑学的主题。这意味着，《范畴篇》和所有逻辑学的真正领域就是语言与存在的隐含关系——或者说本体 – 逻辑——我们不可能将逻辑学区别于本体论。实体之所以为实体（ὄν ᾗ ὄν），与借由实体之名所谓之实体是无法分离的。

只有在这个隐秘关联中，我们才能理解 οὐσια πρῴτη 的含混性，这是亚里士多德的《形而上学》中的第一实质，在将 οὐσια 一词翻译为拉丁文的 substantia 时，已经强化了这种含混性，并影响了整个西方哲学，而西方哲学并没有打算处理这个问题。οὐσια πρῴτη 一词最初指的是一种独特性（singolarità），后来成了 substantia，一种在断言"之下"的东西，即"在某物之上谈论某物"，这仅仅是因为，其中的关键正是预设的本体论架构。但这种隐藏关系的结构是什么？独特存在（esistenza singolare）如何变成基底，即我们预设了我们言说我们所说的东西？

存在不是预设的，因为它总是在某种前语言的直观中已经赋予我们的东西，相反，语言是通过某种方式建立关联的（或分离的），在名称之下，它总是已经遭遇和预设了某个业已赋予它的存在。换句话说，前 –（prae-）与下 –（sub-）属于同一种意向形式，同一种存在与语言的关系。

5.

作为独特存在和作为实体存在的 οὐσια πρῴτη 的双重地位，反映了语言的双重关联，语言通常会被区分成语言（langue）[1] 与言语（parole），符号与语义，意义与指称。将这些差异统一起来，并不是现代语言学的发现，而是古希腊人对存在反思的建构经验。如果柏拉图已经十分清楚地将名称（ὄνομα）对立于言说 (λόγος)，那么亚里士多德列举各种范畴的基础就是，在 λεγόμενα ἄνευ συμποκῆς 和 λεγόμενα κατά συμποκῆς 之间的区分，前者是不带关联的言语（如“人”、“牛”、“跑”、“赢”），后者是有词语关联的话语（如“人走路”、“某人获胜了”）（《范畴篇》，1a16-19）。前者对应于语言（索绪尔的 langue，本维尼斯特的符号），区别于实际的话语（索绪

1 在本书中，阿甘本所谓的“语言”，实际上包括两种不同的语言概念，一种是用 linguaggio 或 lingua 表示的，另一种是直接用法语 langue 表示的。后者主要是索绪尔意义上的语言概念，《普通语言学教程》的中译本将 langue 翻译为“语言”，这里不便再使用其他的译名。总而言之，前者是总体上的、广义上的语言，后者主要是索绪尔使用的语言概念，侧重于强调语言规则或形式化的语言。在下文中，前者直接译为“语言”，后者则加上相应的法语，即“语言（langue）”。此外，前者又可以分成语言（langue）和言语（parole）。——译注

尔的 parole，本维尼斯特的语义）。

我们太习惯于将某种实体存在称为“语言”，我们十分熟稔地将意指关系成分与实际话语分开，然而我们并没有意识到，让我们第一次明白这个区分的东西，就是人类语言的基础结构，这种基础结构将一种语言与其他语言区别开来，唯有从这个结构出发，科学和哲学才成为可能。如果柏拉图和亚里士多德被视为语法的奠基者，这是因为他们对语言的反思奠定了一个基础，在这个基础上，后来的语法学家开始（通过对话语的分析）建构我们称为语言的东西，将言说行为——这是唯一真实的经验——解释为被称作语言的理性实体的实现（如古希腊语、意大利语等）。

这仅仅是因为，在语言的这个基本区分的基础上，存在总是已经分裂为本质（essenza）和实存（esistenza），恒是（quid est）和所是（quod est），潜能和行动：本体论差别首先建立在语言和名称层次（也就是不用话语来说的东西）与话语层次（在前者的预设基础上的言说）之间区分的基础上。所有形而上学反思需要面对的最终的问题，也是所有语言理论都会面临失败风险的问题。如果所说的存在总是已经分裂为作为语言（langue）的语言和作为话语的语言，分裂为意义和指称，那么从一个层次过渡到另一个层次何以可能？为什么存在与语言是按照最初导致这个分裂的方式来构建的？

6.

人类起源（antropogenesi）并不是一蹴而就的，不是突然发生了一个语言事件，人类种属的原始人就突然变成了会说话的人。相反，分析、解释、建构这个事件中成问题的东西，是一个耐心、漫长、顽固的过程，但这是必要的。换句话说，对于西方文明诞生之类的事情，首先有必要去理解（或决定去理解），我们所说的，我们通过言说所做的，就是语言，这种语言由词语构成，这些词语——幸亏存在着某种无法解释的属性，否则，我们就要求助于一个没有丝毫把握的假设——指向了世界和事物。这意味着，在由于使用某些器官——这些器官在很大程度上借自其他功能体系（绝大多数这种功能体系与营养有关）——而产生的连续不断的声音流中，被赋予了一种自动的意指关系（μέρη τῆς λέξεως，词语）的各个部分首先被认识，在这里，有一些无法分割的要素（στοιχεῖα，字母），这些要素的组合构成了这些部分。我们所知道的文明，首先建立在对这些言说行为的“解释”（ἑρμηνεία）之上，建立在认知可能性的“提升”之上，我们认为这种可能性包含并“隐藏”在语言之中。正因为如此，亚里士多德的《解释篇》（*Περὶ ἑρμηνείας*）事实上是从如下假设开始的，即我们通过言说所做的就是标示出词语、字母、概念和事物之间的关联，在西方思想发展史上，它具有举足轻重的地位；也正因为如此，如今在小学里讲授的语法，曾经是，在某种程度上仍然是知识的基础学科。（不言而喻，语法上的反思除了具有认识–认知的［epistemico-conoscitivo］意义之外，也具有政治的意义：如果人们所说的是一门语言，如果那里不只有一门语言，而是有多门语言，那么语言的多样性就对应于人民和政治共同体的多样性）。

7.

让我们来看看被称作语言的理性实体的矛盾性质（我们之所以说“理性实体”，是因为我们并不清楚，它究竟是存在于人的内心之中，还是存在于实际话语中，或者是仅仅存在于语法书和词典里）。它是在对言说行为耐心细致的分析中建构起来的，假定了唯有在语言预设的基础上，言说才是可能的，而事物通常已经在一个符号体系中被命名（尽管无法解释是谁命名且如何来命名的——如果不是通过神话的方式的话），这个符号体系潜在而非实际地指向了事物。在话语行为中，借由我们预设的“树”一词，这个词可以指称一棵树，在实际的指称之前和之外，这个词意味着“树”。换句话说，语言可以在话语中悬置其指称能力，其目的在于，在这一词汇的形式下，通过纯粹潜在的方式来指示事物。这就是我们已经谈过的语言（langue）和言语、符号和语义、意义和指称的差别，语言不可避免地分裂为两个层次，然而，这两个层次又十分神秘地彼此关联。

如果我们还记得，在柏拉图那里，δὺναμις 一词的基本意思就是“一个词语的符号价值”的话，那么语言学分裂和本体论上“潜能 / 行为”（δὺναμις/ἐνέργεια，亚里士多德区分了二者，并将之与存在层次关联起来）的区分之间的联系就一目了然了。语言学意指关系的关联与预设在本体论上的变化的对应关系体现在两个不同层次上：意义是指称的预设，语言（langue）是言语的预设，正如本质是存在的预设，而潜能是行为的预设一样。但这里的事情会更为复杂。意义和指称，语言和言语事实上处在两个不同层次上，彼此间无法从一个过渡到另一个。我们只有在语言的预设上言说，但在言语中，已经在语言中被“称呼”和命名的东西是不可能的。这就是符号和语义之间无法克服的对立，也就是本维尼斯特的极端思想所奠基的地方（“符号的世界是封闭的。从符号到句子之间没有中间过渡［……］一道鸿沟分裂了二者”）。或者，这就是维特根斯坦的名称和命题的对立（“我们只能命名一些对象。符号再现这些对象。我们只能谈论它们，我们不可能表达它们”）。我们所知道的关于语言的一切，已经从言说一开始就学会了，我们所理解的关于言说的一切，从语言一开始就理解了，不过，通过语言来解释（ἑρμηνεία）言说行为，即让知识成为可能的东西，最终走向言语的不可能性。

8.

假定语言结构对应于存在方式的特殊性，这等于说为了让被命名的事物存在，就必须消除（togliersi）自身。这就是邓·司各特在界定作为*最弱存在*（ens debilissimum）的关系时所谈到的语言的本质，他还说到，正因为如此，这种关系很难被认识。语言只能在它所命名的事物中消失，而不是指示或揭示出事物，否则，这些事物会妨碍理解，在这个意义上，语言在本体论上是非常羸弱的。而它的特殊潜能也正位于此处——在它命名和言说的东西中，它仍然没有被设想，没有被言说。正如埃克哈特大师（Meister Eckhart）说过的，如果我们借以认识事物的形式本身也是一种事物，那么它会让我们走向它的认识，而脱离对物的认识。存在本身被视为一种物，让我们无法接触应当向我们揭示出来的东西，这样的风险从始至终都与语言并存。当它言说其他事物的时候，它就不能言说自己，即它的存在总是迷狂地处在他者的位置上，它就是决不会出错的印记（segnatura），与此同时，这就是人类语言最初的败落（macchia）。

不仅仅是语言，主体本身也是一个脆弱的存在——主体是在语言中生产出来的，必须以某种方式去面对语言。事实上，一旦生命体遭遇语言，一旦生命体开始言说“我”的时候，主体性就会浮现出来。但也正因为它是在语言中，并通过语言生产出来的，对于主体来说，很难把握他自己所占据的位置。另一方面，唯有当一个言说者在一个言说行为中设定了它，语言才能出现在生命和生活之中。

西方哲学亦步亦趋地随着这两个相辅相成的脆弱存在物的斗争而成长，它们二者不停地相互奠基——因此，它们也始终不懈地去互相把握和理解对方。

9.

正是因为存在在语言中赋予了自己的存在，但在语言所言说和展现的东西中，语言仍然未被言说，对于言说者来说，存在在一个划时代的历史中指引自己，揭示自己。言说（λόγος）的历史化和历时发生的力量，就是语言预设结构的功能，也是语言在本体论上的孱弱。因为语言隐藏在它所揭示的东西之中，揭示之物所构成的存在物，就是在历史中未揭示自身的东西，在每一个时代里都有未揭示出来的东西，这些东西始终是无法触及和接触不到的。因为在这个意义上语言是一个历史性的存在物，是支配了西方哲学两百多年的解释（ἑρμηνεία），它就是对语言的解释，将语言一分为二，分成语言（langue）和言语（parole），分成共时性和历时性，它不可能一次性全部解决。正如在它们的历史展开中，存在与语言是被预先设定的，这个预设也决定了西方思考政治的方式。共同体就是语言中的共同体，事实上就是在历史的先决条件（a priori）或根基之中预设的共同体：无论共同体是一个种族实体，还是一个语言实体，抑或是一个契约实体，它们的共同性都指向一个无法触及的过去，这个过去将政治实体界定为“国家”（stato）。

很多迹象表明，西方本体论和政治学最基本的结构已经耗尽了其生命力。在主题上可以概括出一个明显的事实——按照这个事实的说法，“能够理解存在的只有语言”——20世纪的思想已经肯定了语言“对于所有的关系或人的自然能力，对于人的感觉、直觉、欲望，对于人的所有需要和本能”的影响，德国观念论已经毫无保留地肯定和考察了这一切。在这个方面，比较语法学和印欧语言假说的诞生，与黑格尔哲学出于同一时代——实际上，《逻辑学》最后一卷（1816年）与弗朗兹·葆朴（Franz Bopp）[1]的《论梵语动词变位体系与希腊语、拉丁语、波斯语和日耳曼语的对比》（*Über das Konjugationssystem der Sanskritsprache in Vergleichung mit jenem der griechischen, lateinischen, persischen und germanischen Sprache*）出版于同一年——这当然并不是一个巧合。印欧语言——语言学家通过对历史上的语言进行耐心的语态分析和语音分析，重构（或毋宁说是生产）了这种语言——与其他语言不一样，它是一种更古老的语言：它有点类似于没人使用过，也没人将会使用的绝对语言（langue），但它成了西方的历史和政治上的先决条件，从而确保了诸多语言和使用语言的人之间的统一性，让他们彼此间可以相互理解。正如黑格尔所说，人类的历史命运已经圆满，宗教、艺术和哲学的历史潜力已经被开发殆

1 弗朗兹·葆朴（1791—1867），德国语言学家。1812年，葆朴到当时东方学的中心巴黎攻读梵语，1816年发表了以梵语和欧洲语言相对比的第一篇论文，开始了历史比较语言学的研究工作。1821—1864年，他在柏林大学任东方文学与普通语文学教授，并继续从事自己的比较语言学研究工作。——译注

尽，它们将在绝对中实现，所以让西方意识到包含在他们语言之中的认知潜能的过程，会在印欧语言的建构中达到顶峰。

于是，语言学成为19世纪到20世纪的人文科学的先锋学科。在本维尼斯特的著作中，语言学的奠基和突然萎缩都与西方历史发展中的时代变革密切相关。西方在其语言中实现了潜能，并日臻完善，如今西方必须向全球化开放，而全球化同时代表着西方的胜利和终结。

10.

在这个阶段，我们可以提出一个关于语言起源的假设，它并不比其他假设更具有神话特征（哲学假设必然包含着神话特征，即它常常是“叙事”；思想的严格性恰恰在于如此这般地认识，而不是将它们与原则混同起来）。像所有动物一样，原始人要进化为具有语言的智人，这种语言当然与我们今天所了解的语言有所不同，但不会有太大差别。在某一个点上，发生了某事——与人类的起源一致——人类种属的原始人注意到他拥有了语言，即他将语言与自己分离开来，将其外化为一个对象。于是，他开始不断地思考、分析、琢磨语言——哲学、语法、逻辑学、心理学和计算机科学前仆后继地去思考和分析语言，其中有不少弯路和迂回——这个过程或许还尚未完成。由于他已经让语言同自己分开，那么他和其他动物不一样，必须向外部传递语言，从妈妈传递给儿子。这样，在代际语言传递过程中，根据不同的地点和时间，语言被混乱地分类，并逐渐发生变化。此外，语言与他自己的分离，也让语言具有了一个历史传统，对于言说的人而言，生命和语言，自然和历史是二分的。与此同时，它们又彼此相辅相成。被分离出来的语言，通过音素（fonemi）、字母、音节（sillabe）重新被确立下来，对语言的分析与语音（voce）的发音密切相关（φωνὴ ἔναρθρος，人类发音的语音与动物的非发音的语音是对立的）。

这意味着语言既不是人类的创造，也不是神的恩赐，而是二者的中间项，语言被定位在自然与文化，内化与外化之间的未分（indifferenza）的地带上（人类的语言也被分裂为语言［langue］和言语，符号和语义，共时和历时，这些都对应于这种二分）。这也意味着人不仅仅是一个智人，它首先是说话的智人（homo sapiens loquendi），这种生物不仅仅言说，而且知道如何言说，在这个意义上，语言知识——即使在它最基本的形式上——必然优先于所有知识。

现在在我们眼前发生的就是语言，它被外化为人类最优秀的事物（cosa）——根据词源学，即“动因”（causa）。它始终伴随着人类的发生过程，并希望返回到自然那里，而它就来自自然。比较语法——一种保证语言可理解性的知识——的计划山穷水尽之后，事实上出现了生成语法。换句话说，生成语法对语言的界定，不再是历史性和外化的，最终也是生物性和内生的。语言的历史性潜能的推进，似乎已经被计算机化的人类语言所取代，这种语言将语言固定在传播代码之中，不再回到动物的语言。

11.

那么，我们就理解为什么从一开始，人类的语言就经历了一系列的分裂，而动物语言却没有发生这一过程。我所指的是名称 / 言说的分裂，这个分裂在古希腊人（柏

拉图的 ὄνομα/λόγος，亚里士多德《范畴篇》（1a16-18）中的 λεγόμενα ἄνευ συμποκῆς/λεγόμενα κατά συμποκῆς）和古罗马人（瓦罗在《论拉丁语》［VIII.5-6］中区分了 nominum imposition/declinatio）那里已经十分清楚了，一直延续到索绪尔的语言（langue）和言语，以及本维尼斯特的符号和语义的分裂。言说的人并不创造名称，名称也不是来自发出动物式语音的人：人只能通过外向传递和教育来接受名称；另一方面，在话语中，人能相互理解，而无需任何解释。语言两个层次的分裂带来一系列难题：一方面，语言不可能面对它与世界的关系，世界是由名称限定的（按照维特根斯坦的说法，如果我们要了解这些名称的意义，就必须解释它们[1]）；另一方面，按照本维尼斯特的说法，从名称的符号层次无法过渡到命题的语义层次，于是言说行为的转变是不可能的。

我们需要反思一下产生了二元分裂的人类起源事件的特殊性：在历史上，当人进行外化的语言传递时，他就触及了他的本质——接触了语言，语言将人定义为理性言说的动物（ζῶον λόγον ἔχον）。事实上，如果他不可能触及

1 Wittgenstein 1921, 4.026.

语言，他就失去了学习语言的能力，并将自己表现为不属于人或尚未成为人的存在物（我们只需要思考一下野孩子［enfants sauvages］和狼孩的例子就够了，这些例子为理性时代带来了困扰）。这意味着，在人那里——即在只通过历史来触及其本质的生物那里——人与非人彼此面对，没有任何自然的关联，意味着唯有从创造和建立它们之间的历史关联开始，文明之类的东西才能起源。哲学和语法上的思考，有助于在语音中分离出并建立起这种关联的地位。

如果亚里士多德的逻辑学作品，即最早也最广泛地将语言解释为知识的"工具"的作品，标题为"工具论"（Ὄργανον），意思既是技术工具，也是身体器官，这并不是偶然的。在《解释篇》的开头（16a3），亚里士多德谈到了语言，他实际上使用了"语音中之所是"（τὰ ἐν τῇ φωνῇ）[1]的表达，而不是像人们所想的那样，以及像他

1 在《范畴篇》的两个中译本（商务印书馆方书春译本，中国人民大学出版社秦典华译本）里，τὰ ἐν τῇφωνῇ 都被直接翻译为"口语"，缺少了阿甘本在这里强调的"在语音中"这个意思。下面那个句子也被简单地翻译为"口语是心灵经验的符号，而文字则是口语的符号"（亚里士多德:《范畴篇　解释篇》，方书春译，北京:商务印书馆，1959 年，第 55 页）。由于阿甘本在这里强调了语言不是语音，而是在语音之中，所以，这里不能借用方译本和秦译本中的译法。本书的翻译，为了符合阿甘本的分析，采用了更为复杂的语式，即将 τὰ ἐν τῇ φωνῇ 翻译为"语音中之所是"。——译注

后来的写作中那样，使用复数的“声音”（φωναί）一词（他写的“语音中之所是”是对内心感触的符号化——παθήματα ἐν τῇ φωνῇ——而文字是对“语音中之所是”的符号化）。语言在语音中，但并非语音：语言在语音的位置上。正因为如此，在《政治学》（1253a10-18）中，亚里士多德十分清楚地将动物的声音（φωνή）对立于人的言说（λόγος），动物声音仅仅是快乐和痛苦的符号，而人的言说能分辨正义与不正义，善与恶，这是政治城邦的基础。人类起源同在语音（φωνή）的位置（luogo）上的动物声音与人类言说（λόγος）的分裂是一致的。语言发生在语音的无位（non-luogo）[1]上，这种玄妙的情形，让语言非常接近于生命体，与此同时，也通过一道无法弥合的鸿沟将二者分开。

12.

对语音（φωνή）中言说（λόγος）的特殊地位的分析——

---

1 在阿甘本看来，non-luogo 是相对于占有一个位置（luogo）而言的。在后面的分析中，阿甘本认为正是语音丧失了自己的位置，才能让言语和语言占位（aver luogo），让它们在这个位置上发生。简言之，只有语音丧失位置，成为无位（non-luogo），人类的语言才能发生，才能区别于动物的声音。鉴于这个观点，我们在这里将 non-luogo 翻译为无位。——译注

也是对语音和语言关系的分析——是理解西方思考语言问题，也就是理解人类是一个言说的存在物这一事实的前提条件。这意味着亚里士多德《解释篇》的目的不仅仅是确保词语、概念与事物之间的关联，还是为了在此之前——通过将语言定位在语音之中——确保生命体及其语言之间的关系。对语言的分析预设了对语音的分析。

古代评论者曾质疑过“语音中之所是”的表达方式。他们问为什么亚里士多德要写“语音中之所是，即内心感触的符号”，阿摩尼乌斯（Ammonius）[1] 回答说，哲学家说的是“语音中之所是”，而不是复数的“声音”，“是为了说明‘语音’不同于‘名称和动词’的说法，习惯上的符号并不取决于纯声音（τῇ φωνῇ ἁπλῶς），而是取决于名称和动词，我们很自然地（φύσει）发出声音（φωνεῖν），正如我们可以看与听一样，但名称和动词恰恰是我们的智力创造出来的，只是将语音作为材料（ὕλῃ κεχρημένα τῇ

1 阿摩尼乌斯，全称是“雅典的阿摩尼乌斯”，是一位生活在公元1世纪的雅典哲学家，他也是新柏拉图主义的奠基人之一，曾教育过普罗塔克，而关于雅典的阿摩尼乌斯的主要记载也来自普罗塔克写他的传记。在普罗塔克的记载中，雅典的阿摩尼乌斯是亚里士多德的诠释专家，但他个人的立场更近似于柏拉图，而不是亲近于亚里士多德的逍遥学派。——译注

φωνῆ）”[1]。阿摩尼乌斯——他似乎十分忠诚于亚里士多德的目的——建议说，（依据习俗而不是依据自然）标示事物的能力并不取决于动物的声音（“纯声音”），而是取决于由名称和动词组成的语言，不过语言发生在语音之中，习俗的东西寓居于自然的东西。

在《解释篇》中，在描述了语言、内心感触、字母和事物之间的交叉关系之后，亚里士多德突然中断了讨论，谈到了他的《论灵魂》一书（“不过，我在我讨论灵魂的著作中处理了这些问题，它们属于不同的研究［ἄλλης γὰρ πραγματείας］。”［《解释篇》，16a9］）。在这里，他将语音界定为“拥有灵魂的生物所发出的声音”（ψόφος ἐμψύχου），说明了“无生命的事物不会有语音，只能从隐喻上说它们能发声，例如笛子或竖琴”（《论灵魂》，420b5）。在这个定义几行字之后，他又一次重复说道：“那么，声音是由有生命的生物发出的（ζῶον ψόφος），并不是它的任何部分无差别地发出声音，而是唯有当某种东西在媒介中敲击了其他东西才会发出声音，这个媒介就是空

1　Ammonius, 1897, p. 22.

气，很自然，唯有当那些东西允许空气进入时才能发出声音。”（同上，14-16）似乎亚里士多德对这个定义不太满意，因为在这里，他给出了一个新定义，这个定义对思考语言的历史产生了至关重要的影响：“我们已经说过，不是所有生物发出的声音都是语音（有人可以用舌头发出声音，或者咳嗽），但若要产生语音，就必须要有灵魂，能够使用某些想象（μετά φαντασίς τινός）。因为语音是标示性的声音（σημαντικὸς ψόφος）。”（同上，29-32）

如果说将语言区分于语音的东西就是其语义性（即与内心感触相关的东西，在这里被称为“想象”），那么亚里士多德没有说明是什么将动物的声音变成了标示性的语言。在这里，字母（γράμματα）起到了关键性的作用，在《解释篇》中语义关系只能充当语音之中的符号。字母不仅仅是符号，而且也是语音的要素（στοιχεῖα，另一个表示字母的古希腊词语），它让语音具有了指示功能，能够得到理解。在《诗学》中，亚里士多德清楚地指出：“一个字母（στοιχεῖον）就是一个独立的语音，并非任意语音，而是一个语音，借此，语音能够被理解（συνθετὴ γίγνεσθαι φωνή）。动物叫出的是无法分辨的声音，我们无法将其中任何一个声音称为字母。可以辨识的声音的各个部分就是元音(φωνῆεν)、半元音(ἡμίφωνον)、哑音(ἄφωνον)。”(《诗学》,1456b22-25)《形而上学》又重申了这个定义:“语音的要素(στοιχεῖα)就是组成(σύγκειται)语音的东西,语音可以分成各个部分。”(《形而上学》,1014a26)在《问题篇》中也说道:“人产生了诸多字母(γράμματα),但其他生物没有字母,或者它们顶多只有两三个辅音。辅音与元音的结合产生了言语。言说(λόγος)不是通过语音,而是通过某种感触(πάθεσιν)来标示事物。字母就是这些语音的感触。”(《问题篇》,10.39.895a7)他关于动物的作品强调了舌头和嘴唇在产生字母过程中的作用:“通过语音,字母组成了语言(ἐκ τῶν γρᾳμματων σύγκειται),如果嘴唇不帮忙的话,或如果舌头不是这样的话,大部分的字母都无法发音,因为许多字母的发音都来自舌头的碰撞和嘴唇的闭合。”(《动物的诸部分》,659b30)用一个语法学家作为学科专业术语的词来说,语音中的建构性的刻画可以定义为“发音”(διάρθρωσις):“语音(φωνή)不同于声音(ψόφος),言说(λόγος),与两者都不同……言说是通过舌头(γλώττῃ)来发出语音。

元音的声音是由语音和喉咙发出的，辅音则是由舌头和嘴唇发出的。这些都产生了语言。”（《动物史》，535a）

如果我们回到《解释篇》开头的论述，我们会说亚里士多德在这里界定了“解释”（ἑρμηνεία），解释过程就是在语音、字母、内心感触和事物之间展开的东西，但其决定性作用——让语音具有了标示性作用——恰恰取决于字母，最首要和最终的解释项就是字母（γράμμα）。

13.

让我们进入关键的一步，这一步是在论述西方文化史的作品中完成的——在让时代变得更为明晰的描述的表象之下。声音（φωνή）与言说（λόγος），动物声音与人类语言是不同的，但具体在人这里又是一致的，在这个意义上，语言是通过语音的“发音”产生的，而发音就是在语音中字母（γράμματα）的刻画，在语音中，字母被赋予了存在的优先地位，与此同时，也被赋予了语音的符号和要素（στοιχεῖα）的优先地位（在这个意义上，字母就是它自己的索引［index sui］）。亚里士多德的定义被古代语法学家所接受，他们将哲学家的看法变成了公元 1 世纪到 2 世纪之间的系统科学。语法学家从语音的定义开始分析，区分了动物的“含混的声音”（φωνὴ συγκεχυμένη）和人类的“清晰的发音”（φωνὴ ἔναρθρος, vox articulata）。但如果在这里我们问道，人类语音中的清晰发音是由什么组成的，语法学家就回答说“清晰发音”仅仅意味着 φωνὴ ἐγγράμματος（拉丁语翻译为 vox quae scribipotest 或 quae litteris comprehendi potest）——可书写出来，可“语法化”，可以用字母来理解的发音。动物含混的声音是不可书写的声音（“马的嘶叫，狗吠，野兽的嚎叫”），或者一部分人的声音也无法书写，“如笑声，啜泣声，打嗝”（我们还以加上声音的音色，耳朵能听出音色，但不可能转化为书写）。

因此，清晰的发音就是能书写的声音（φωνὴ ἐγγράμματος），一种能被字母书写，能被字母理解（即被字母所把握）的声音。换句话说，人类语言是通过对动物声音的操作来建构的，即用字母（γράμματα）来把语音记录为要素（στοιχεῖα）。在这里，我们发现例外（exceptio）的结构——包含性排斥（dell’esclusione inclusiva）——让对生命的把握有可能变成政治。正如人的自然生命是通过赤裸生命形式的排斥来包含在政治之中的，那么人类语言（毕竟，按照亚里士多德的说法，语言奠定了政治城邦［《政治学》，1253a18］）是通过“赤裸声音”（阿摩尼乌斯的“纯声音”［φωνὴ ἁπλῶς］）的包含性排斥在言说 (λόγος) 中产生的。通过这种方式，历史扎根于自然，外化传统扎根于内化传统，政治城邦扎根于自然共同体。

ℵ 在《论文字学》的开头，在用书写来反抗声音的特权之后，雅克·德里达引用了《解释篇》中的一个段落——在这个段落中，亚里士多德肯定了语音和言说 (λόγος) 之间的“原初关系”和“根本上的近似性”——他以此界定了西方的形而上学：“如果对于亚里士多德来说，例如，‘语音所产生的声音’（τὰ ἐν τῇ φωνῇ）就是内心状态的符号（παθήματα ἐν τῇ φωνῇ），而书写文字是语音产生的文字的符号，也就是这种语音，即第一符号的生产，与内心灵魂有着一种根本的直接的近似关系。”[1] 如果我们对语

1 Derrida, 1967, pp.22-23.

音中字母的前提条件的分析是正确的，那么这就意味着西方形而上学从一开始就设定了字母(γράμμα)而不是语音。所以，德里达对形而上学的批判建立在对亚里士多德《解释篇》不充分的阅读基础上，而德里达没有准确地追问《解释篇》中的字母(γράμμα)的原初地位问题。形而上学通常已经是一种文字学，而后者是一种奠基逻辑(fondamentologia)，在这个意义上，由于言说(λόγος)发生在声音(φωνή)的无位处，那么否定性的本体论奠基功能只属于字母，而不属于语音。

14.

在这里，我们可以理解字母书写对我们的文化，以及我们思考语言的方式的根本影响。事实上，只有字母书写——古希腊人将字母的发明归功于两位文明教化的英雄，卡德摩斯（Cadmus）和帕拉墨得斯（Palamedes）——才能产生把握语音的幻觉，产生在字母（γράμματα）中理解和抄录语音的幻觉。为了圆满实现（在最根本的意义上）把握语言的价值，通过字母书写，通过之前由哲学家首先提出，后来又由语法学家谈到的解释（ἑρμηνεία），使把握语言成为可能，我们需要让自己摆脱朴素的表述（rappresentazione ingenua）——这就是两千年来语法教育所产生的结果——按照这种表述，在语音中，字母被完全视为语音的要素。

从这个角度来看，最有启示性意义的莫过于语法学的一个部分（即语音学）的历史，这个部分处理的就是语言的声音（事实上，就是“清晰的发音”）。首先，现代语音学根据发音的各种形态，集中于对字母（γράμματα）进行分析，将字母区别成唇音、齿音、腭音、软颚音、唇软颚音、喉音等——借助这样全面的描述，一位同时还是一位医生的语音学家写道，如果一个言说主体真的用某种方式发出了他在语音学论文中描述的一个既定的喉音，可能会导致该主体窒息而死。一旦发现，因为发音器官的损伤，言说者仍然按照其他模式同样地发出清晰的声音，发音的语音学就陷入了危机。

在抛弃了按照发音来分析声音的方式之后，语音学家开始关注严格意义上的听觉连贯性，于是，他们试图将语言的听觉组织分解成科学上多种多样的可控数据。但对由语音产生的声波的分析越多，就越不可能将语法学传统指出的各种要素（字母–要素，γράμματα-στοιχεῖα）分离开来。1916 年，索绪尔已经看到，如果我们通过影片来再现一个言说者的嘴巴、舌头和声带的运动，这个言说者发出了看起来像是 F-A-L 的序列的声音，我们不可能将组成这个序列的三个要素分开——实际上，这个序列表现为一个不可分割的联结，我们不可能得到 F 结束，然后 A 开始的中间点。1933 年，德国语音学家保罗·门策拉特（Paul Menzerath）也从声学（acustico）角度肯定了索绪尔的看法。在言语行为中，声音并不是彼此相继的，而是彼此纠缠在一起，彼此绑定在一起，我们自己能够辨识的这个统一体，从语态学和语音学层次上，实际上构成了一个完美的连续流（fluss continuo）。

因为无论是在发音上，还是在听觉上都无法将各种声音彼此分开，所以必然会出现音韵学（fonologia），音韵学十分清晰地将词语的声音（这是语音学研究的范畴）与语言的声音（音素，即纯粹和非物质的对立，这就是音韵学的研究对象）分开。由于切断了语言和语音的关联——从古代到新语法学下的语音学，这都不是问题——相对于言说行为的语言的自律性越来越明显。但音韵学一方面承认字母（γράμματα）并不是语音的痕迹和书写的誊写，而另一方面将音素视为一种纯粹否定的和微分的元语法（arcigramma）。在这个发展过程中，由声音（φωνή）中的言说（λόγος）的玄妙情形所导致的难题仍然没有解决，仅仅是在语言（langue）和言语（parole），符号和语义之间的不可能的关联的层次上再一次提出了这个难题。

א 柏拉图早就看到，我们无法把握人类的语音，也不可能通过字母来理解语音，甚至在这种情况下，亚里士多德的语言的解释(ἑρμηνεία)，以及字母(γράμματα)之中的言说(λόγος)都依赖于柏拉图。在《斐莱布篇》中，苏格拉底说："当有人(无论这个人是神还是像神一样的人)——有一个古埃及神话说他的名字是修斯(Theuth)——看到语音是无限的(φωνήν ἄπειρον，ἄπειρον 的字面意思是'无法证明的，无法实践的，无路可走')，他首先注意到在那无法证明的东西(ἐν τῷ ἀπείρῳ)中，元音声音不是一个，而是多个，后又谈到还有其他一些要素并不专属于语音，而是带有浊音性

质，它也有确定的数量，之后他区分出了第三种字母（γράμματα），我们现在称之为哑音（ἄφωνα）。那么，直到苏格拉底区分了所有的个别音素之后，他才区别了哑音；直到苏格拉底知道了这些音素数量，并将它们全部命名为要素（στοιχεῖα）之后，他才用同样的方式来处理元音和半元音。然而，想象一下，如果不学习所有的音素，我们就没有人能单独学习其中任意一个音素，思考一下，这就是一个共同的纽带（δεσμὸν），让它们成为一体，他认为它们属于同一个科学，他称之为语法学。”（《斐莱布篇》，18b5-d2）

从无法证明的语音出发，柏拉图得出，我们并不需要字母（γράμματα），而毋宁是需要一种观念的理论（事实上，在《斐德罗篇》中，他谴责了修斯的创造，认为这个创造导致了记忆的丧失）；另一方面，亚里士多德义无反顾地跟随着修斯的古埃及范式，相应地，他从语义关联中排斥了观念，认为这些观念是多余的。

15.

如果人类起源——哲学记忆着并捍卫着，并不断地重新实现人类的起源——与语言实验（experimentum linguae）是一致的，语言实验十分玄妙地定位于“语音中的言说”里；如果解释（ἑρμηνεία），即对这种经验的解释，支配着整个西方历史，而这种解释似乎已经山穷水尽了，那么今天在思想中不可能追问的东西就是语音实验（experimentum vocis），在语音实验中，人类彻底地质疑了语音中语言的地位，并试图重新成为一个言说者。事实上，得到圆满的并不是人类的自然史，而是一个最为特殊的时代的历史，在这个时代中，将言说解释（ἑρμηνεία）为一种语言——即通过字母（γράμματα），有意图地将语音中产生的各个词汇、概念、事物和字母糅合在一起——决定了西方的命运。所以，总是必须再一次来追问实验的可能性和意义，研究其地位和谱系，其目的是研究相对于字母（γράμματα），相对于建立在字母基础上的知识，是否还存在另一种提出语音的不可证明性的方式。在我们的文化中，实验并不是离心的或边缘的现象，它试图说明不可能言说的东西，它必然会陷入矛盾；相反，它就是思想的事物（cosa stessa），即我们所谓的哲学的基本构成的事实。

在本维尼斯特概括了符号和语义之间存在着一道无法跨越的裂缝的同时，他还写了一篇题为“发音的形式工具”的论文，在文章中，通过移指（shifters）“我”“你”“这里”“现在”“这”等，他说明了语言能力不是指向词语的实在，而是指向词语本身的纯粹发生。“我”并不是指示一个实体，而是指示一个说出包含了“我”的言语状态（istanza di discorso）的人，正如“这”只是“该言语呈现状态下的所指对象”，“此地”和“此时”限定了空间和时间的状态，这个时空状态与包含着“我”的言语状态是同时的（contemporanea）。这里并不是要回溯这些非常著名的分析，这些分析已经变革了传统的代词理论，以新的方式界定了哲学的主体问题。我们在这里感兴趣的问题恰恰是，我们会以何种方式才能理解移指与言语状态之间的“同时性”（contemporaneità）（在这个方面，雅各布森也谈过代词“我”与“发音”之间的“存在关系”［relazione esistenziale］），而无须求助于语音。如果不通过发出的语音，就无法辨识发音和言语状态。由于语音指向了言语的发生，在这里所谈到的语音就不是动物的声音，而是（再说一遍）一种必须要被抹除的声音，这样，字母（γράμματα），以及与之相伴生的言语，就会在它的无位上发生。换句话说，一旦有人在语音与语言，“不再是”动物声音（φωνή）和“尚未”成为言说（λόγος）之间的关系中道出“我”“此地”“此时”，发音就锁定了主体。在这种否定性的发音中，字母得到了定位。声音被书写出来，成为能书写的（ἐγγράμματος）。在那里，主体，即说“我”的人，察觉到他处在语音的位置上。因此，在黑格尔的《精神现象学》中，它足以确定意义的准确性，在代词“这”和副词“此地”“此时”中肯定了其准确性，见证了其消失（“此地”并非这里，“此时”也并非现在），看到了语音的消失，而言说就是建立在语音基础上的。西方知识的大厦最终矗立在已经被抹除的语音之上，建立在书写了自己的语音之上。这就是其脆弱性，也是一个恒久的奠基性神话。

16.

我们能考察在字母之外的语音和语言之间的关系吗？阿摩尼乌斯给出了一个可能的假设，在他的评述中，他曾给出一个提示，即语音是语言的材料（ὕλη）。在跟进这个假设之前，我们需要看一下让－克劳德·米尔内（Jean-Claude Milner）提出的问题，按照米尔内的说法，字母和材料是同义词，因为材料——在现代科学意义上理解的材料——显然就是可对译的（translittérable），可以对译为字母。[1]米尔内继续给出了这个问题的推论，按照其推论，字母和能指是不同的，正因为它们二者太过混同，以至于索绪尔将能指的一些属性归于字母（如在《印欧诗歌中的易位书写》［*Anagrams*］中），也将字母的一些特征归于能指（如在《普通语言学教程》中）。那么我们可以用米尔内的话来说，亚里士多德的操作等于是将字母（γράμματα）等同于能指，等同于变成语义的声音（φωνή）。我们给出一点不同于米尔内的看法，材料——至少如果我

1 Milner, 1985, p.8.

们回溯到柏拉图的空域（χώρα）[1]的范式，一种纯粹的占－位（aver-luogo）——是一种不可能被对译出来的东西，即它不可能成为一个字母或一个书写。

让我们看一下《蒂迈欧篇》中第三种存在类型的定义，以及可感物和可认识之物的定义，柏拉图称之为空域。它是一个容器（ὑποδοχή）或一个印记－载体（ἐκμαγεῖον），它为所有可感的形式提供了位置，而不会与这些可感形式混同。它既不是可感的，也不是可以认识的，而只能“通过一种带着无感的混杂推理”来感知吧，如同在梦境中一

---

1 χώρα（Khôra）非常难以翻译。这个词最开始用于古希腊城邦之外、但归辖于城邦的领土。柏拉图在《蒂迈欧篇》中首先将这个词用在哲学上，谢文郁译本将这个词翻译为“第三类”（“我们已经指出两类，现在要划分第三类”［柏拉图：《蒂迈欧篇》，谢文郁译，上海：上海人民出版社，2003 年，第 45 页］），王晓朝译本也采用了同样的译法。简言之，在柏拉图那里，Khôra 既不是存在，也不是非存在，而是介于二者间的中介，在这个中介上，“观念”或“形式”得以形成，并赋予了让它们得以形成的位置。在海德格尔那里，Khôra 是一种澄明之境，是让存在得以发生或占位的澄明之境。雅克·德里达专门为 Khôra 撰写过一本书（Jacques Derrida, *Khôra*, Paris: Galilée, 1993），在这本书中，德里达用其解构主义方法来解构了柏拉图的理念。换言之，德里达的 Khôra 是一个空洞的空间或容器，不同于柏拉图在《蒂迈欧篇》中使用的可感物和可认识之物的中介，德里达用 Khôra 否定了命名和逻各斯，这就是德里达意义上的“解构”。由于 Khôra 是一个空洞的域，所以后来 Khôra 逐渐成为建筑哲学思考的一个重要概念，因为建筑并不是在虚无中建造的，而是首先有一个 Khôra，然后在 Khôra 中实现了建筑的抽象形式和具体形态。鉴于海德格尔和德里达对 Khôra 一词的现代用法，也根据阿甘本在本书中的意思，在这里不采用谢文郁和王晓朝“第三类”这个译法，而是使用一个更为少用的译法：“空域”。——译注

般。如果按照阿摩尼乌斯的类比，我们就可以将语音看作语言的空域，那么就不能在语法学上建立与后者的关联，后者的一个符号或要素：相反，在言说（λόγος）的占位发生之时，我们认为存在着某种东西不能还原为言说，一种无法证明（ἄπειρον）又始终如影随形的东西。那么，语音就是这种东西，它既不是纯声音，也不是标示性的言语，我们在缺乏感觉和没有意义的推理的交集中来设想这种东西。在摒弃了所有奠基性神话之后，我们于是可以说，作为空域（χώρα）和材料（ὕλη），语音从来不会在语言中被书写出来，它是无法书写的，在语法书写不断演变的历史中，它坚如磐石一般持存着。在生命体和言说的存在者之间没有关联。字母（γράμματα）认为自己就是语音的曾在或痕迹——它既不在语音之中，也不在其位置上。

17.

那么，我们需要从这个角度来重新思考一下柏拉图《理想国》中的诗与哲学之间的“古老斗争”（παλαιὰ

διαφορὰ)。在20世纪的思想中，两种话语的分裂——同时也是将二者重新统一起来的企图——已经达到了其最高的强度：一方面，逻辑试图净化语言，消除过度的诗性；另一方面，有一些哲学家诉诸诗，似乎哲学概念不足以去面对诗。实际上，它们二者既不是竞争的选项，也不是毫无关联的二选一的可能性，仿佛言说者要决定在二者间选择哪一个。诗歌和哲学毋宁是代表着人类语言的唯一领域中的两个不可分离，也无法彼此化约的张力关系。在这个意义上，只要还存在着语言，那么就会有诗与思。事实上，它们的二元性再一次见证了分裂，按照我们的分析，这个分裂发生在语音之中——人类起源的时刻——动物语言的残留与在语音位置上发展成为一种知识工具的语言之间的分裂。

语言在语音之中的位置，事实上导致了另一个贯穿于整个人类语言的不可化约的分裂，即声音与意义，声学和音乐的系列与语义序列的分裂。这两个序列在动物语言中是一致的，它们每一次都会按照这个二分和反向张力分裂，在言说中彼此对立，让二者达成一致是几乎不可能，与此同时也无法改变的。我们所谓的诗，所谓的哲学命名了语言中对立的两极。于是，诗可以被界定为，通过韵律和分行（enjambement），最大程度地展开符号序列和语义序列、声音与语义、声音（φωνή）与言说（λόγος）之间的差异，走向纯声音的意图；相反，那么哲学文章表现为在纯意义中实现这些差异的倾向。

为了不要简单地解读（lectio facilior）诗与哲学之间的关系，我们需要记住，对于二者，最关键的时刻就是声音（φωνή）与言说（λόγος），声音与意义之间达成一致（a contatto）的时刻——按照乔吉奥·科里（Giorgio Colli）的说法，达成一致不能理解为一个无关紧要的东西，而是在那一刻，在没有再现的情况下，两个实体被统一起来（或者毋宁说是被分离开来）。如果我们将这种达成一致的时刻称作思想（pensiero），那么我们可以说，诗与哲学实际上彼此包含，在这个意义上，言说的诗性经验在思想中达到圆满，而语言的思想经验发生于诗歌之中。也就是说，哲学寻找并缅怀着语音，正如诗歌——诗人总是不断地提醒我们——就是对语言的爱与探索。在哲学文章中，声音与意义似乎在言语中和谐一致，于是，风险就是缺乏思想；诗歌亦是如此，诗不断地将声音与意义对立起来，风险是缺少语音。正因为如此，维特根斯坦说，“哲学真的应该书写为诗的形式”[1]，还应该加上，诗也只应该写成哲学的形式。哲学总是且在构成上就是诗的哲学(主语所有格)，而诗歌也总是且从一开始就是哲学的诗。

18.

如果我们将不依赖于这样或那样的语言的出现，不依赖于这样或那样的语法，这样或那样的意指命题的纯粹而单纯的语言命名为言说事实（factum loquendi），那么我们就可以说，现代语言学和逻辑学，唯有在如下条件下才能让自己成为一门科学，即不要去管言说事实（即我们说话这个纯粹事实）这个不假思索的预设前提，目的是将语言作为真实属性下的可描述的东西——换句话说，当作这样或那样的语言，采用这样或那样的“语法”，以及传播这样或那样的语义内涵。我们总是在语言中，并通过语言言说，说这样或那样的主题，用某物来断定某物，我们都

1 Wittgenstein, 1977, p.58.

忘却了一个简单事实，即我们正在言说它。然而，在发音的时刻，语言并没有参照任何词汇，或参照陈述的文本，而只是参照了它自己的占位发生。它仅仅指向了语音中的占位，而语音消除了自己，它与语音保持着否定性的关系，按照这个神话，由于语音的消失，语言才得到了位置（gli dà luogo）。

倘若如此，我们就可以将哲学的任务界定为展示和经历如下事实的意图，即语言的形而上学和科学必须将自己限定在预设的范围内；界定为让我们注意到我们言说，以及在语音位置上发生的生命体的言说事件（但这一事件与语音没有什么关联）的纯粹事实的意图。当语音和语言在没有任何关联的前提下达成一致，主体就开始浮现，并见证了它们的协合一致。希望在这个经历中冒险的思想，必须不屈不挠地让自己处于这道语言和言语、符号与语义的裂缝之中（或协合一致之中），而且也要让自己处于声音（φωνή）与言说（λόγος）之间。思想——在言语和语言之间，在存在与本质之间，在潜能与行为之间——在这个经历中栉风沐雨，它必须承认它发现自己每一次都会面对无语言的语音，以及面对无语音的语言。

论需要的概念

哲学一直会发现自己不断地面对严格界定需要（esigenza）概念的任务。对其定义非常迫切，因为我们可以说——没有玩弄辞藻——哲学需要这个定义，哲学的可能性与这个需要完全一致。

如果我们没有需要，只有必然性，那么就不会有哲学。哲学的基本要素并不是那些迫使我们的东西，而是我们需要的东西，并不是那些必然是或纯粹事实性的实在，而是需要。但正因为需要，甚至可能性和偶然性都会转变和改变自己。也就是说，需要的定义意味着重新界定模式概念的预备任务。

莱布尼茨将需要当作可能性的一种属性："所有的可能性都需要实存"（omne possible exigit existiturire）。可能性需要的是变成真实，潜能——或本质——需要实存。

因此，莱布尼茨将实存界定为本质的需要：“如果实存不仅仅是本质的需要，那么它也会具有一个本质，即事物会被添加某种东西，那么或许我们要再问一遍是否这个本质会实存，为什么是这个实存而不是另一个。”同样，托马斯·阿奎那反讽地写道：“正如我们不可能说跑在跑，所以我们也不能说实存在实存。”

实存并不是本质或可能性之外的什么东西（quid），它仅仅是包含在本质中的一个需要而已。但我们应该如何理解这个需要？在 1689 年的一个片段中，莱布尼茨将这个需要界定为 existiturientia（这个词来自实存［existere］的未来不定式），借助这个词，他试图让推理原则变得可以理解。“那些实存的事物（ad existendum）比那些不实存的事物的普遍理由中包含了某种东西，而不是一无所有”的原因就在于，“如果可以用一个词来言说它，那么这就是本质的需要（in existiturientia essentiae）”。需要最终的根源在于上帝（“因为本质需要实存［existituritionis essentiarum］，所以必然有一个根源［a parte rei］，这个根源只能是必然实体，本质的根基［fundus］和实存的根源［fons］。我们知道，这就是上帝……如果不是经由上帝并在上帝之中，本质根本无法找到去实存［ad existendum］的方式”）。

需要的范式之一是记忆。瓦尔特·本雅明曾经写道，在记忆中，我们经历了那些看起来绝对完善的东西（过去）如何突然再一次变得不再完善。由于记忆让过去变得不再完善，于是，我们仍然有可能去创造它，所以它就是类似于需要的东西。莱布尼茨在需要问题上的态度在这里被颠倒了：需要不可能实存，而真实（已经实存着的东西）需要实现其可能性。如果思想没有能力赋予实在以可能性，证明那些仅仅建立在事实基础上的意见是虚假的，那么思想是什么？思想首先意味着让真实再一次变为可能的需要，不仅公正对待事物，也公正对待它们的裂口。

同样，本雅明写道，梅诗金公爵（principe Myskin）[1]的一生需要永远不被忘却。这并不意味着已经被忘却的现

1　梅诗金公爵是陀思妥耶夫斯基的小说《白痴》中的主人公。他身上体现着陀思妥耶夫斯基所认可的观念，其行为方式也是由作家用一种理想主义的笔法所规划的。他爱纳斯塔霞，但不是通常的两性之爱，而是基督式的爱，这种爱更多地带有悲悯和同情的成分。——译注

在需要返回到记忆中：需要关涉的是这样的无法忘记，即便所有人已经永远忘记了它。在这个意义上，无法忘记的东西就是需要的形式。这并非主体的诉求，它是世界的状态，实体的属性——用斯宾诺莎的话来说，这就是一种精神，它将实体视为本质的建构。

所以，需要就像正义一样，是本体论的范畴，而不是道德范畴。它也不是逻辑学范畴，因为它并不暗含着其对象，就像三角形的本质暗含着其内角和等于两直角之和。换句话说，我们说某一物存在，而另一物将存在，但前者在逻辑上并不暗含着后者，或在其概念中包含着后者，前者不会在事实层面上迫使后者实存，那么我们可以说前者需要后者。

我们可以在本体论范畴上对这个定义进行修正，哲学家们拒绝进行这个修正。莱布尼茨将需要归于本质（或可能性），让实存成为需要的对象。也就是说，他的思想依然是本体论装置[1]（dispositivo ontologico）的分支，这个装置区分了本质和实存，区分了存在中的潜能和行为，在上帝那里看到了二者无差分的点，即“实存化”（existentificans）原则，一个让本质变成实存的原则。包含着需要的潜能是什么？如果实存仅仅是一种需要，那么

1　dispositivo 是阿甘本使用频率很高的一个词，其翻译也是一个难题。阿甘本曾专门写过一本著作来讨论这个问题(*Che cos'è un dispositivo?*, Torino: Nottetempo, 2006)，他将这个词追溯到福柯的 dispositif，而这个词在福柯的《知识考古学》中，被视为滥觞于黑格尔的《精神现象学》中的词 positivité 的同义词，后者在谢强、马月的《知识考古学》中译本中被翻译为“实证性”。这个词如果不加特殊说明，几乎是无法理解的。显然，dispositif 不能被理解为实证性，更恰当的理解是一种现代的总体运作机制，根据阿甘本的考证，拉丁语 dispositio 是对古希腊语 οἰκονομία（亚里士多德使用这个词来形容与城邦治理对立的家政治理，后来这个词被基督教引用，即上帝对世俗世界的管理，就如同他的家政一样，他并不直接现身，但通过某种机制让世俗世界有序地运行。οἰκονομία 即现代意义上的 economy 的词源，但不能理解为现代意义上的经济）的翻译，也就是一种让政治和社会良序运行的机制。我在翻译阿甘本的《王国与荣耀》的时候，刻意将 οἰκονομία 翻译为一个生僻词——“安济”，就是为了让读者不要与现代的经济概念混淆，而且现代的经济实际上是一种使现代社会得以良序运行的机制，在这个意义上，经济就是一种现代意义上的安济。而刘耀辉和尉光吉翻译的《论友爱》一书中收录了 *Che cos'è un dispositivo?*，其标题被译为“什么是装置？”，也就是说，将阿甘本的 dispositivo 译为装置，基本上体现了阿甘本的主要意义，即一种社会和生活运行的机制或装置，这或许也是英译者会将 dispositivo 翻译为 apparatus 的原因。如果把 dispositivo 视为一种装置，那么才有阿甘本的让装置 inoperative（无作）的结论，即最终的弥赛亚与装置彻底无作有密切关系。鉴于此，本书中对 dispositivo 的翻译，采用了刘耀辉、尉光吉中译本中的译法——“装置”，尽管这个译法仍然不能穷尽阿甘本在书中使用的意义，尤其是当阿甘本将 dispositivo 的含义引申到拉丁语 dispositio 和古希腊语 οἰκονομία 的时候。——译注

我们应当如何思考实存?如若需要是比本质与实存的区分，可能性与现实的区分更为古老的东西又会如何?倘若存在本身就被看作一种需要又会如何?需要的道德模式(可能性、偶然性、必然性)不足以说明这个问题，而我们注定需要质疑这个模式。

由于需要不是一个道德范畴，那么需要不能发出道德上的律令，它也无需面对必须如何的律令。倘若如此，我们需要义无反顾地去谴责现代道德，现代道德不再追求幸福，而是喜欢让自己体现在绝对律令形式之中。

圣保罗将信仰(πίστις)定义为我们所希望的东西的实存(ὑπόστασις)，即信仰提供了一种尚未实存的现实和实体。在这个意义上，信仰等于需要，不过要说明的前提是它并不是冀望某种东西的到来(对于信徒来说)，也不是需要加以实现(对于政治战士来说):我们希望的东西已经完全作为一种需要表现出来了。因此，信仰不可能是信徒的属性，而是一种并不属于他的需要，从外部，从他所希望的事物出发来触及他。

当斯宾诺莎将本质定义为“努力”（conatus）[1]时，他提到了某种像需要的东西。这就是为什么在《伦理学》第三部分的命题七（“一物竭力［conatur］保持其存在的努力［conatus］不是别的，即是那物的现实本质”）中，conatus不应该像通俗译法那样翻译为“努力”，而是应该翻译为“需要”：“一物需要［conatur］保持其存在的需要［conatus］不是别的，即是那物的现实本质。”存在物有需要（或欲求：一则边注说明欲求［cupiditas］就是conatus的名字之一），这个事实意味着需要不会在事实上的现实中耗尽，而是包含着一个超越现实的需要。再说一次，这意味着欲望并不属于主体，而是属于存在物。正如某些人梦到某些东西实际上就已经拥有了它一样，欲望也会带来满足。

1　在翻译conatus这个词的时候，我们应该注意阿甘本的语境。因为下文提到他不同意通俗译法，所以本段开头的conatus应该指的是通俗译法。后文中的《伦理学》引文来自贺麟译本（斯宾诺莎:《伦理学》，贺麟译，北京:商务印书馆，1983年，第106页），这句话里面的conatus遵从贺先生的译法“努力”。但这显然不是阿甘本赞同的译法，鉴于阿甘本的译法属于他自己的创见，所以这里和后面的《伦理学》引文还是依从贺麟的译法，其他地方则根据阿甘本讨论的具体情形来决定如何翻译。——译注

需要既不与事实范围一致，也不与理想范围一致。相反，它是一个材料，在这个意义上，柏拉图在《蒂迈欧篇》中将它界定为介于理念和感性之间的第三种形式，“它提供了一个让事物得以形成的空域和房子”。因此，在空域中，我们可以谈论需要，我们“用无感”（μετ᾽ ἀναισθησίας——并不是“没有感觉”，而是“感觉麻痹了”）来感知需要，并“用纯粹信任的混杂推理”来感知需要：换句话说，我们可以说需要拥有无感觉的感觉证明（柏拉图说，正如在梦中一样），是没有任何定义的可以理解的思想。在这个意义上，材料就是需要，它打破了在感性和理性，语言和非语言的错误的非此即彼的选择：存在着思想和语言的物质性，正如那里存在着感觉中的可理解性一样。这就是第三种悬而未决的东西，亚里士多德称之为 ὕλη，中世纪哲学家称之为 silva，“实体的无色之脸”，“不知倦怠的繁殖的子宫”，普罗提诺说这就像一个“无形的痕迹”一样。

我们不能将材料视为一个底层，而应视为一个身体需求：它就是身体需要的东西，即我们所认为的最私密的潜能。这样我们就更好地理解了这种关系，即将材料与可能性衔接起来的关系（因此沙特尔［Chartres］的柏拉图主

义者将 ὕλη 界定为“绝对可能性，让一切事物都暗含在自身中”）；可能之物的需要不一定付诸行动，而是让自己材料化（materiaris），成为材料。在这个意义上，我们需要解释一下中世纪唯物主义者的一些臭名昭著的论题，如贝纳的亚马里克（Amalrico di Bène）和迪南的大卫（Davide di Dinant），他们将上帝定义为材料（yle mundi est ispe deus）：上帝发生在身体之中，需要标示着上帝，并让上帝材料化。

按照本雅明的原理，正如弥赛亚王国只能在历史中以荒谬和不堪的形式出现，所以，在事实层次上，需要在最不引人瞩目的地方出现，它按照这种模式出现，即在现今的环境中，它以最卑微和最不协调的方式出现。相对于需要，所有的事实都是不充分的，所有的实现都是不圆满的。这并不是因为需要超过了可能实现的范围，而仅仅是因为它从来不会被置于实现的层次之上。在上帝的心灵——在对应于作为存在状态的需要的精神状态——中需要已经得到圆满，此后亘古永恒。因为它被投射到世俗时间之中，弥赛亚让自己展现为另一个世界，一个让需要得以实存的世界，若不通过戏仿和近似的方式，它就不可能如此，仿佛它是——不是总会建起来——扭曲的世界。在这个意义上，戏仿就是需要的唯一可能的表达形式。

因此，需要在福音书的祝福中找到了最崇高的表达形式，这是在极端张力状态下的表达，这种张力将天国与世俗世界分离开来："精神上贫乏的人[1]有福了，因为天国是他们的。哀恸的人有福了，因为他们必得安慰。温柔的人有福了，因为他们必承受地土。饥渴慕义的人有福了，因为他们必得饱足。怜恤人的人有福了，因为他们必蒙怜恤。清心的人有福了，因为他们必得见神。使人和睦的人有福了，因为他们必称为神的儿子。为义受逼迫的人有福了，因为天国是他们的。"（《马太福音》，5:3-10）在"贫乏的人"和"受逼迫的人"——都是世俗眼光中最

1 在这里，阿甘本引用的是意大利文的《马太福音》中的原文表达 poveri nello spirito，英文版的表达是 the poor in spirit。意大利文版和英文版的字面意思都是"精神上贫乏的人"，但和合本《马太福音》将这个词翻译为"虚心"。由于"虚心"在中文里有另外的意思，而且下文中阿甘本对 poveri 进行了重要的分析，如果此处依照和合本翻译为"虚心"，实际上得不出阿甘本所需要分析的意思，所以在这里依照意大利文版和英文版改译为"精神上贫乏的人"。——译注

卑微不堪的人——的例子中，这个动词就处在当下的张力之中：对于那些离天国最远的人来说，天国就是此时此地（qui e ora）的天国。在这里，以最纯粹的方式肯定了需要绝对不同于未来实际上会实现的东西：不过，正因为如此，现在它找到了自己真正的名字。需要——在本质上——就是祝福。

需要是存在的最极端复杂的状态，存在物在其中暗含着它所有的可能性。这意味着需要含有与理念的特有关系，在需要上，事物被冥思（contemplate）为“某种永恒类型之下”（sub quadam aeternitatis specie）的东西。正如当我们的爱人睡着时，我们凝视着（contempliamo）我们的爱人，她就在那儿——仿佛悬置了她所有的行为，静而不动，围绕着她。就像观念一样，她就在那里，而此时此刻，她又不在那里。她躺在我们眼前，但为了让她真的在那里，我们就必须把她叫醒，这样，我们就失去了她。观念——即需要——就是睡着了的行为，是生命的熟睡。所有可能性都凝结在一个单一复杂结构中，正是生命让其逐渐变得复杂——这个复杂结构已经部分得到了揭示。但在亦步亦趋地揭示这个复杂结构的过程中，难以解释的观念会越陷越深，越变越复杂。在所有实现过程中，我们都要保持需要的洁白无瑕，让其处在不会被唤醒的睡眠之中。

论可说之物与观念

1.

并非不可说之物，而是可说之物构成了哲学在每一个时代都必须反复面对的问题。不可说之物实际上就是语言的预设。只要存在着语言，被命名的事物就被预设为非语言和非关系的东西，而恰恰是语言建立了这种关系。这个预设的力量太过强大，以至于我们只能将非语言的东西视为某种不可言说的东西或无关的东西，我们试图去理解这些东西，而没有意识到通过这种方式我们仅仅是抓住了语言的影子。在这个意义上，不可言说的东西事实上是语言范畴，它只能被一个言说的存在者所思考。这就是为什么本雅明在 1916 年 7 月写给马丁 · 布伯的一封信中，会谈到“彻底消除语言中的不可言说的东西”：不可言说的东西并不是在语言之外作为预设的蒙昧之物而发生，它只能在语言之中被消除。

我想要说明的是，在另一方面，可说之物是一个非语言的范畴，且是一个真正的本体论范畴。在语言中消除不可说之物与作为哲学任务的展现可说之物的任务是一致的。因此，与不可说之物不同，可说之物永远不会在语言之前或之后被给定：它与语言同时兴起，然而，它却不能还原为语言。

2.

斯多葛学派给出了一个关键要素，让他们的学说可以与可说之物（λεκτόν）结合起来，对这个术语的定义，哲学史家们尚未达成共识。所以，在开始研究这个概念之前，我们首先要确定归于这个概念的哲学语境。现代学者倾向于脱离时代地将这个古代概念和区分转化为现代概念，将可说性当成一个逻辑概念。与此同时，他们完全知道古代晚期的语法学家和学者将哲学区分为逻辑学、本体论、物理学（fisica）、形而上学等，让这个概念具有各种各样的歧义和误读。让我们看一下亚里士多德的《范畴篇》（古希腊词“范畴”［κατηγορίαι］意味着司法用语的“控告，指控”），在传统上，这篇作品被归为他的逻辑学著作。然而，这篇作品中显然包含了本体论问题。所以，古代评论者讨论过该作品的对象（σκοπός，目的）是什么：词语（φωναί）、物（πράγματα），或概念（νοήματα）。在斐洛普诺斯（Filopono）的评论的序言中，他重复了他的老师阿摩尼乌斯的说法，他写道，按照某些人（如阿芙洛狄西亚的亚历山大［Alessandro di Afrodisia］）的说法，该作品的对象就是词语；按照一些人的说法（如尤斯塔提乌斯［Eustazio］），该作品的对象是事物；按照另一些人（如波斐利［Porfirio］）的说法，该作品的对象是概念。按照斐洛普诺斯的观点，杨布里科斯（Giamblico）的观点（他用一些详细说明来认可它）——这篇作品的目的（σκοπός）是词汇，因为它们意味着通过概念得到的事物（φωνῶν σημαινουσῶν πράγματα διὰ μέσον νοημάτων）[1]——是更加正确的。从这里可以得出，在《范畴篇》中，很难将逻辑学和本体论区别开来，亚里士多德在《范畴篇》中处理了由语言所标示出来的事物和实体，以及指向物的语言。他

---

1 Philoponus, 1898, pp.8-9.

的本体论指向了被言说出来的存在物（τὸ ὄν λέγεται...），存在物始终已经在语言里被言说，他不断地强调这一点。在《范畴篇》中，逻辑学和本体论之间如此难分彼此，以至于在整个西方哲学史上，范畴既是作为一个论断类型，也是作为一种存在类型。

א 我们可以从公元前40—前20年的罗德岛的安德罗尼柯（Andronico di Rodi）的版本出发，来澄清亚里士多德的著作。我们常认为安德罗尼柯在《工具论》中收录了所谓的亚里士多德的逻辑学作品，而且他使用了著名的"物理学之后"（μέτα τὰ φυσικὰ）来编撰了一批讲稿，后来这批讲稿被我们命名为《形而上学》。安德罗尼柯相信亚里士多德是一位相当系统的思想家，并且他自己编撰的版本是忠实于亚里士多德的意图的，但我们知道他往亚里士多德之中塞入了希腊化时期的观念，而希腊化时期的观念是不同于古代观念的。然而，不幸的是，古典学家们给出的现代版本的亚里士多德，仍然是基于对安德罗尼柯的错误概括的映射。于是，我们继续阅读亚里士多德，仿佛他真的系统地撰写过一篇逻辑学的《工具论》，

撰写过论物理学、政治学、伦理学的著作，以及最后的《形而上学》。唯有摧毁了对亚里士多德思想教条化的解释之后，我们才能真正阅读他。

3.

我们把这个简单的思考应用到斯多葛学派的可说之物之上。在现代研究中，我们会很想当然地认为可说之物（λεκτόν）属于逻辑学范围，但这会让一些假设（如意义［σημαινόμενον］与可说之物［λεκτόν］之间的同一性）不再确定。让我们看看阿摩尼乌斯的评论，阿摩尼乌斯从亚里士多德的角度，批判地界定了可说之物（λεκτόν）："亚里士多德告诉我们，原初直接被意指（σημαινόμενα，即由名称和动词意指）的事物是什么，概念（νοήματα）是什么，以及，通过概念，事物（πράγματα）又是什么，他肯定了我们不应该思考在它们（即概念［νόημα］和事物［πρᾶγμα］）之外的其他中介，这就是斯多葛学派的可说之物（λεκτόν）之名之下设想的东西。"[1] 也就是说，阿

---

1 Ammonius, 1897, p.5.

摩尼乌斯告诉我们，斯多葛学派在概念和事物之间插入了第三项——在阿摩尼乌斯看来，这个第三项是无用的——我们称之为可说之物。

关键的段落来自阿摩尼乌斯对《解释篇》的评论。在这里，亚里士多德通过三个要素界定了“解释”过程：词语（τὰ ἐν τῇ φωνῇ）、概念（更准确地说是心灵感触，τὰ παθήματα ἐν τῇ ψυχῇ）（词语是概念的符号），以及事物（τὰ πράγματα）（概念是事物的相似物）。阿摩尼乌斯提出，斯多葛学派的可说之物不仅仅是语言学上的，也不是一个概念或一个事物。它并不在心灵中占位，也不纯粹是现实中的位置，它既不属于逻辑学，也不属于物理学，而是位于二者之间。我们需要绘制出心灵与事物之间的这种特殊的定位，或许它更恰当的是一个存在物的空间，可说之物或许与本体论更一致。

4.

解释可说之物学说的最丰富同时也是最可疑的资源，应该说是来自塞克斯都·恩披里柯（Sesto Empirico）

的《驳数理学家》（*Adversus mathematicos*）中的一段话："一些人将对与错置于被意指的事物中（περὶ τῷ σημαινομένῳ），另一些人则置于词语中（περὶ τῇ φωνῇ），还有一些人置于思想的运动中（περὶ τῇ κινήσει τῆς διανοίας）。斯多葛学派代表第一种观点，他们说三种事物都是彼此相连的：被意指之物（σημαινόμενον），意指词（σημαῖνον），以及对象（τυγχάνον，'发生之物'，任何时候都至为关键的存在物）。意指词是一个词语（φωνή）——例如，'狄翁'（Dion）；被意指之物是一个事物本身，因为它是通过自身来展现的（αὐτὸ τὸ πρᾶγμα τὸ ὑπ' αὐτῆς δηλούμενον），我们理解为在我们思想一侧持存着的东西（παρυφισταμένου），即便外国人听到了这个词，他也无法理解；对象是外在地实存着的实体（τὸ ἐκτὸς ὑποκείμενον）（例如迪翁这个人本身）。我们知道，这三种事物中的两种，即词与对象，是有形体的，而剩下的一种是无形体的，这就是被意指之物，可说之物（τὸ σημαινόμενον πρᾶγμα καὶ λεκτόν），它们会变成对的与错的。"

意指词（意指的词语）和对象（在现实中与意指词对

应的事物，现代意义上的指示物）都十分明显。最大的问题是被意指之物（σημαινόμενον）的无形体状态，现代学者已经将它等同于主体心灵中的概念（按照阿摩尼乌斯的说法，这就像亚里士多德的意义［νόημα］一样），或者等同于思想的客观内涵，这种内涵不依赖于主体的精神活动（就像弗雷格的“思想”［Gedanke］一样）。[1]

这两种解读都把现代意指理论投射到斯多葛学派之上，在这种情况下，忽略了对文本的正确的文献学阅读。当外国人听到这个词的时候，他们不能理解被意指之物，这个事实可能会让我们将其归于意义或（弗雷格意义上的）内心意象，但是，塞克斯都·恩披里柯将斯多葛学派与那些认为对与错“在于思想的运动”的人对立起来，他暗地里拒绝了被意指之物与主体的思想是等同的。毕竟，文本里清晰地指出了被意指之物并不等于思想，而是“在思想一侧持存着”。即便后面的段落似乎谈到某种类似于现代所谓意义的东西（至少在指称［Bedeutung 或 denotazione］的方面），这也需要更为细致的解释。在

1 Schubert, 1994, pp.15-16.

这里，被意指之物被界定为物自体（αὐτὸ τὸ πρᾶγμα）[1]，它是借由词语表现的（τὸ ὑπ' αὐτῆς δηλούμενον——我们应当注意，冠词 τὸ 的重复，我这里理解为"借由"［in quanto］）。

和拉丁语的 res 一样，πρᾶγμα 的意思首先是"重要问题，审判或讨论的关键问题"（从这里可以得出，意大利语可以翻译为 cosa，这个词来自拉丁语的 causa），其次才是"物"或"事态"（stato di fatto）。但十分明显，这段话讨论的并不是第二种意思上的物，因为它不同于"对象"（τυγχάνον），即每一次所发生的东西（ἅ τυγχάνει ὄντα），即事件或真正的对象。然而，这并不意味着"物自体"就是意义，或者现代意义上的被意指之物，即它不是词语指向的一个概念内容或意向对象。"物自体"指出

1　在《潜能》(意大利文版标题为"*La Potenza del pensiero*"［思想的力量］)的第一篇文章《物自体》(La cosa stessa)中，阿甘本谈到了 αὐτὸ τὸ πρᾶγμα 的翻译问题。这个表达最早出现在柏拉图的《书简七》中。准确来说，这个物自体其实不是康德意义上的"物自体"(Ding an sich)。在阿甘本的分析中，这个物并不是一般性的物，而是存在物的第五个属性，类似于前文中提到的 Khôra，是一种空洞的外壳，也是观念(Idea)发生的场所，所以，这个物自体与具体的可以命名的物不一样，它是纯物。在阿甘本看来，这个物自体与前语言的状态相关，是语言事件发生的场所，而一旦语言发生，物自体也会和前文分析的语音一样消失。重点在于，该词的字面意思就是物自体，而这个译法很容易与康德哲学的 Ding an sich 混淆。王立秋、严和来等的《潜能》译本已经将该词翻译为"物自体"，本书依从此译法。——译注

了词语中和思想中的关键所在，借由思想和词语——但并不与思想和词语相一致——res 就是人与世界的重要关节所在（è in causa）[1]。

正如埃米尔·布雷耶（Émile Bréhier）所看到的那样，对“被意指之物和可说之物”的阐明并不意味着被意指之物与可说之物（λεκτόν）是同一回事，或者可说之物的事实与被意指之物的事实是一样的。在阿尔曼（Armin）编订的文本中，他在 τὸ σημαινόμενον πρᾶγμα 与 καὶ λεκτόν 之间插入了一个逗号，让我们可以看到两个词之间的相同点和差异。布雷耶事实上得出结论说，“一般来说，如果被意指之物是某种可表达的东西（这就是他对 λεκτόν 的翻译），那么无论如何都推不出一切可表达的东西都是被意指之物。”[2] 在这里，对短语“物自体”的解释变得非常重要：关键在于，依其自身而展现且可说的事物，但我们如何理解“物自体”？我们又如何定位这个“物自体”？

1 显然，阿甘本使用 è in causa 这个表达，是利用了 causa 一词的多重含义。前文他已经指出了 cause 是对拉丁语 的 res 和古希腊语 πρᾶγμα 的翻译，即上文提到的“重要问题，审判或讨论的关键问题”。英译者将它翻译为 at stake，也是不错的。这里按照阿甘本分析的意思来翻译，即“重要关节所在”。——译注

2 Bréhier, 1997, p.15.

א 奥古斯丁的《论辩术》(*De dialectica*)给我们留下了他对语言意指关系的分析，其中，瓦罗(Varrone)和斯多葛学派对他的影响显而易见。奥古斯丁(《论辩术》第5节)将词语(verbum)——“尽管是一个符号，但绝非不再是事物”——分成四种可能的要素。当词语意指自己而被说出时，我们得到了第一个要素，如在语法学话语中(在这种情况下，verbum与res是一致的)；在第二个要素中——奥古斯丁称之为所说之物(dictio)——词语被说出并不是为了意指自己，而是指向其他东西(non propter se, sed propter aliquid significandum)；第三个要素就是res，即外在的对象，“它并不是词语或词语的概念(verbi in mente conceptio)”；第四个要素，字面上可以翻译为斯多葛学派的词汇，奥古斯丁称之为可说之物(dicibile)，即“内心，而不是耳朵从词语所感觉到的任何东西(quicquid autem ex verbo non auris, sed animo sentit et ipso animo continetur inclusum)”。

奥古斯丁发现很难区分所说之物(dictio，语义层次上的词语)与可说之物(dicibile)，因为他很快发现，若想区分二者，毫无任何成功的进展:“我所谓的可说之物(dicibile)是一个词，不过它也不是一个词，而是我们在词语中所理解的东西，以及包含在内心中的东西(verbum est nec tamen verbum, sed quod in verbo intelligitur et animo continetur)。我所谓的所说之物(dictio)是一个词，然而，它同时指向两个东西，既指向词语本身，也是借助词语在内心中所产生的东西(verbum est, sed quod iam illa duo simul, id est et ipsum verbum et quod fit in animo per verbum significat)。”(同上)

我们不应该忽视其中的细微差别，奥古斯丁试图界定这个差异——例如，他求助于不同的前设。在所说之物(dictio)那里，关键在于某种东西(被意指之物或意义)，这个东西与意指的词语难分彼此(这是一个词[verbum est]，与此同时，它也借助词语[per verbum]是内心中[in animo]生产出来的)；另一方面，可说之物并不只是一个词语(verbum est nec tamen verbum)，而是心灵从词语中(ex verbo)感觉到的东西。在这里十分明显，可说之物在被意指之物和物之间的定位相当复杂。

5.

短语“物自体”出现在柏拉图的《书简七》[1]的一段离题话（digressione）中，我们长期以来忽视了这个文本对哲学史的影响力。塞克斯都·恩披里柯在斯多葛学派与《书简七》中的哲学离题话之间作了一个比较，其中的亲缘关系昭然若揭。为了让人心服口服，我们在这里引用一下这段哲学离题话的文本：

> 每一存在物都有三样东西，必须要借由这三样东西，关于这一存在物的知识才能产生，而第四样就是知识本身——此外，还应该补充第五样东西，即那可认识（γνωστόν）的真正存在的东西本身——第一是名称，第二是定义，第三是影像（εἴδωλον），第四是知识。如果你想领回现在所说的内容，你就要抓住一个例

1 《书简七》是所有柏拉图书简中最受关注的一篇，但西塞罗认为这篇书简是伪作。不过从目前的信息来看，《书简七》大致写于柏拉图第二次叙拉古之行后的五六年间。这篇书简之所以受到后世的关注，是因为书简里有一段话，与书简的其他内容不太相关，没有太多地谈论他的叙拉古之行，反而大谈哲学、写作和认识，有点离题的感觉，所以后世将这段文字称之为“离题话”或“哲学离题话”。——译注

子，并照此来思索所有的情形。有种东西叫作“圆”（κυκλός ἐστί τι λεγόμενον），我们刚刚拼读的这个词本身就是它的名称。第二样是它的定义，由名词和动词组合而成，因为“每一端点到中心的距离相等”，这或许就是以“圆形”“圆周”或“圆圈”为名称的事物的定义。第三样是画下来和擦去的圆，镟刀镟出和毁去的圆，尽管这些圆都与圆自身（αὐτὸς ὁ κυκλός）相关，但圆自身不会经受这样的变化，因为它跟这些圆截然不同。第四样是关于这些圆的知识、理智和真实的意见：必须得把它们算作一个整体，既不存在于声音中（ἐν φωναῖς），也不存在与物体的形状中，而是存在于灵魂中（ἐν ψυχαῖς），由此可见，这第四样既不同于圆自身的自然，亦不同于前面所说的那三样。

（342a8-d1）

不仅开启这段哲学离题话的文字（“对于所有实体都有三样东西，通过这三样东西，必然会产生知识”）充分对应于塞克斯都·恩披里柯引述斯多葛学派的“彼此关联的三样东西”，而且这里提到的“三样东西”——意指项（σημαῖνον）或意指的词语（例如 Dion），真正的对象（τυγχάνον），以及被意指之物（σημαινόμενον）——也对应于柏拉图所列举的名目中的项。首先，意指的词语（φωνή）正好对应于柏拉图所谓的“名称”（ὄνομα，例如“圆”，事实上它位于词语之中［ἐν φωναῖς］）；其次，“对象”（τυγχάνον）对应的就是“可以画出并被擦掉，被加工出来并被拆毁”的圆，即每一次圆自身的展现和发生。

要辨识柏拉图所列举的名目中与被意指之物和可说之物的对应的项，会更为困难。如果我们将它等同于第四样要素，即“并不在于词语之中，或者在身体外形中，而是在内心中”，这与“被意指之物”的无形状态相和谐，但这会导致将它等同于思想或主体的心灵——然而斯多葛学派排斥了所有与“思想运动”相一致的东西。那么我们只剩下了第五样东西——观念，在这里，斯多葛学派清楚地使用了“物自体”（αὐτὸ τὸ πρᾶγμα）的短语，似乎就是让人联想到“圆自身”（αὐτὸς ὁ κυκλός）的表述。如果柏拉图之后，滥觞于亚里士多德的哲学史的确就是各种抹除观念或思考的企图，那么我要在这里提出的假设是，斯多葛学派用可说之物取代了观念，或者说——至少——将可说之物定位在观念之中。

א 我在其他地方(《潜能》第一章“物自体”)已经说明了重新弄清《书简七》手稿是非常重要的:“第五，我们必须提出一样的东西,借由(δι ὅ)这样东西,我们才能认识(所有实体)。”这个版本与绝大多数现代版本不同，现代版本是“我们必须提出一样的东西，这样东西本身就是可以认识的”。

א 塞克斯都·恩披里柯引用的斯多葛学派的资料与《书简七》中的哲学离题话直接相关，这可以从举例人物的替换中得到些许暗示，在亚里士多德那里经常用的人物是柯里斯库斯(Choriscus)和加利亚斯(Callias)，而在这里是狄翁(Dion)，而这正是柏拉图一个好友的名字，他在信札中多次提到这个好友。

6.

现代哲学只会否定地谈及这个假设，即可说之物与柏拉图的观念有关，例如，他们之中有人说可说之物（λεκτόν）“尽管不是柏拉图式的实体，然而可以是思想和语言的客观内容的价值”[1]。与惯常一样，否定也是有意义的，事实上，这正是在与观念论的精确的批判关系中来解读可说之物的学说，而观念论帮助我们澄清了其本质（与此同时，这样的解读给出了理解柏拉图的观念论的新方式，后者常常被误读）。和观念一样，可说之物既不在心灵中，也不在可感物之中，既不在思想中，也不在对象中，而是在它们之间。在这个意义上，有启发意义的是斯多葛学派用动词 παρυφίστασθαι 指向可说之物：它们并不实存，但“在思想（或逻辑表达）一侧持存着”（这就是 παρυφίστασθαι 一词的字面意思），正如观念是一个范式，它在事物一侧（παρά-δειγμα）展现自身。换句话说，斯多葛学派在可说之物（λεκτόν）的基础上，从柏拉图那里调和了观念与外形的特有的实存模式，然而，在与

1 Schubert, 1994, p.15.

思想和语言（两者通常难分彼此）的密切关系中保留着可说之物。也就是说，斯多葛学派试图将柏拉图《书简七》的哲学离题话中谈到的第四样和第五样东西放在一起思考（而不是混淆它们——如果布雷耶提到的被意指之物（σημαινόμενον）与可说之物（λεκτόν）不是同一回事是正确的话）。从这里得出了如下主张，这个主张经常会在材料中反复出现，即斯多葛学派将观念等同于概念（ἐννοήματα τὰς ἰδέας ἔφασαν）。[1]

然而，可说之物并不总是纯粹的语言，也具有强烈的客观性。在这个方面，将两个段落放在一起阅读十分重要，这两个段落常常看起来将可说之物混同于语言，但实际上，将二者清晰地分开。“所有的可说之物（λεκτόν）必须被说出（λέγεσθαι δεῖ），从此它得出了它的名字”[2]；“言说（λέγειν）和说出（προφέρεσθαι）是不同的：我们说出词语（φωναί），但我们说的是事物（λέγεται τὰ πράγματα），那个事物碰巧是可说的（λεκτὰ

1 Arnim, 1903, II, 360; cfr. ivi, I, 65.

2 Sesto Empirico, 1842, VIII, 80, p.304 = Arnim, 1903, II, I67.

τυγχάνει）。”[1]很明显，可以言说的东西并不一定与所说的东西相一致，但是道出和言说，词（φωνή）与物（πρᾶγμα），言说行为和所说的问题是不一样的。可说之物（λεκτόν）既不是事物，也不是词语：它是可说性之中的物，词语中关键的存在，正如《书简七》中观念不仅仅是一个物，也是本身可以认识的（γνωστόν，可认识的，在这里正好对应于可说的［λεκτόν］）的“物自体”。

א 海德格尔多次强调，言说（λέγειν）并不仅仅是“去说”，在词源学上，它意味着“聚集在一起出现”[2]。说的事物（λέγεται τὰ πράγματα）并不意味着“一个言说主体用词语表达出来的事物”，而是“事物显现，并聚集在一起出现”。也就是说，我们面对的是一个本体论问题，而不纯粹是逻辑学问题。同样，亚里士多德写的 τὸ ὄν λέγεται πολλαχῶς，我们不仅要像通常那样翻译为“从多重意义上说出的词语，有多种意思”，而且也要翻译为“存在通过多种方式聚集在一起出现”。

---

1 Diog. Laert. VII, 5 6 = Arnim, 1903, III, 20.

2 Heidegger, 1987, pp.266-269 : «Ver-sammlung ist das urspriingliche Einbehalten in einer Gesammelheit» .

7.

在斯多葛学派之前，亚里士多德早已看到了《书简七》中包含的知识论。《解释篇》在此后的多个世纪，影响了西方所有关于语言的思考，亚里士多德通过某种方式界定了语言意指关系的构成，这种方式需要理解为柏拉图《书简七》哲学离题话中的对应——尽管看起来二者好像没有什么关系：

> 语言中之所是（τὰ ἐν τῇ φωνῇ）就是内心感触（τὰ ἐν ψυχῇ）的符号，书写出来的东西就是语言中之所是的符号。正如所有人使用的字母并不一样，词语也是如此。它们原来是词语的符号，即它们是内心感触的符号，这对于人类总体来说都是一样的。甚至事物（πράγματα）有着各种各样的外表，但对于所有人是一样的。
>
> （《解释篇》，16a3-7）

亚里士多德将理解分成三个部分（词语、内心、事物），事实上也遵从了柏拉图的区分，即词语之中（ἐν φωναῖς，名称或定义），灵魂之中（ἐν ψυχαῖς，知识、理智和意见），以及在可感物之中（ἐν σομάτων σχήμασιν）。另一方面，与亚里士多德对观念论的大胆批判对应的是，物自体在亚里士多德那里消失了。实际上，重述柏拉图的名目就是对他老师思想的驳斥，在解释（ἑρμηνείας）过程中，即在通过词语和概念来解释世界的构成中，他抹除了观念。出现了第四个要素（另一个无法解释的东西），即字母，字母出现在词语、概念、事物的边侧，这里含沙射影地（亚里士多德十分小心谨慎，但那些细心的读者很容易发现这一点）提到了他老师的文本。《书简七》中的哲学离题话目的恰恰是说明相对于物自体，写作是不充分的，字母，作为词语的符号和要素，在这里首先是言说（λόγος）的可理解性的保障。

ℵ 让我们将柏拉图、亚里士多德、斯多葛学派的知识要点列举如下：

柏拉图	亚里士多德	斯多葛学派
名称	词语	意指词
定义言说	内心感触	被意指之物
物体与外形	物	对象(τυγχάνον)
知识，概念	字母	
物自体(观念)		可说之物(物自体)

当亚里士多德消除了观念之后，斯多葛学派又用可说之物取而代之。

重要的是要注意，由于将知识包含在其要素之中，柏拉图的名目不局限于知识论，也旨在指向某种不属于知识的东西(观念)，让这种东西成为可能。

8.

到目前为止，我不得不说明与柏拉图观念的类比和可能的关联，目的是澄清斯多葛学派的可说之物（λεκτόν）的概念。但是，如果我的假设是正确的，我们应该问为什么斯多葛学派将某种东西称为“可说之物”，借此来取代观念。这个命名是否与《书简七》哲学离题话的文本相冲突？在《书简七》的哲学离题话中，柏拉图郑重处理了“绝对无法像其他想法（μαθήματα）那样可说的（ῥητόν）东西”，他似乎指出了物自体具有无法言说的状态。

为了理解问题的关键所在，应当将这个说法放在离题话的上下文中，与其说它是一种绝对的不可说性，不如说它是可说性的一种特殊状态，与适用于“其他想法（μαθήματα）”的有所不同。之后不久，柏拉图事实上认为“如果我们不理解前四项”（名称和言说［λόγος］在其中出现），我们就不可能完全理解第五项，随后，他还说道，“让这些名称、言说（λόγοι）、视像（ὄψις）和感觉放在一起彼此摩擦，在友好的驳斥和不带恶意的辩驳中检验它们”（344b4-7），物自体的知识才会出现。毕竟，这与《巴门尼德篇》（135e3）中提出的清楚明晰的主张完全一致，按照《巴门尼德篇》中的说法，观念就是“完全可以通过言说（λόγος）来把握的东西”。

所以，对哲学离题话的解读，让可说之物和不可说之物之间的对立变得中立化了，与此同时，也重新思考了观念与语言之间的关系。

9.

对观念和语言之间的关系的揭示，需要从这样一个明显的看法开始，即观念和可感物是同名的，尽管它们之间有所不同，但它们共享同一个名称。正是由于这个奇异的同音异义词，亚里士多德才在《形而上学》（987b）中总结了柏拉图的哲学："他将这些东西称为观念，认为所有可感物都在它们一旁并依照它们来言说（τὰ δ' αἰσθητὰ παρὰ ταῦτα κατὰ λέγεθαι πάντα），事实上，从分有来看，同义词的多样性与观念的多样性是一致的（κατὰ μέθεζιν γὰρ εἶναι τὰ πολλὰ ὁμώνυμα τοῖς εἴδσιν）"（987b8-10）（按照亚里士多德《范畴篇》［1a1-11］，拥有相同名称，相同定义的实体是同义词，而名称相同，但定义不同的词是同音异义词）。

柏拉图反复说过，可感物和观念是同音异义词，事物在分有观念中获得了名称。例如，"我们应当说诸如人、马、衣袍……之类的多种事物，以及与它们同音异义的观念吗？"（《斐多篇》，78e）"其他事物分有了观念，从观念中得到了它们的名称"（《斐多篇》，102b1）（ἐπωνυμίαν

意思是“来自其他事物的名称”；柏拉图在《巴门尼德篇》（130e）中也使用过差不多的词：“有着这样的观念，在分有中，它们接受了命名”）。还有在《理想国》（596a）中：“我们喜欢为每一个多样事物给出一个独立的观念，我们对这些事物给出了同一个名称。”关于这些同音异义词，亚里士多德责备了他的老师，他写道：“如果各种观念的形式和事物的形式并不一样，它们只是同音异义的，好比人们称呼加利亚为‘人’，也称呼一个木偶为人，而并未注意两者之间的共通性一样（μηδεμίαν κοινωνίαν）。”（《形而上学》，991a5-8）

ℵ 对亚里士多德《形而上学》（987b8-10）的引文的理解，由于贝克版（Bekker）的一个修订而部分得到了扭曲，这个版本缺失了 ὁμώνυμα 一词，尽管在最权威的版本（1853 年的巴黎本［Parisinus］）和所有其他版本（有两个例外，一个是洛伦佐版［*Codex Laurentianus* 87.12］，一个是 1876 年的巴黎本）仍然出现了这个词。和我们一样，弗里德利希·阿道夫·特兰德伦堡（Friedrich Adolf Trendelenburg）很敏锐地看到，柏拉图谈的是同音异义词，

而没有谈同义词。于是，雅格尔版(Jaeger)重新引入了 ὁμώνυμα 一词，不过在括号里加上了 τῶν συνωνίμων。手稿文本非常清晰，不需要任何修订：亚里士多德忠实于柏拉图，他打算说多样的可感之物，拥有同一个名称(所以，它们是同义词，例如血 – 与 – 肉之马)，在观念层面它们是同音异义词(马有一个与观念共通的名称，但这不是定义)。

至于句子 τὰ δ' αἰσθητὰ παρὰ ταῦτα κατὰ λέγεθαι πάντα，阿罗德·切尔尼斯(Harold Cherniss)和罗斯(W.D.Ross)十分正确地评论说，通常的翻译，即"可感物作为它们的分离物而存在，也根据它们来命名"是不准确的，这个翻译需要插入一个 εἶναι，而原稿里没有这个词。[1]

10.

所以，观念是可感物获得其名称的唯一原则，或者更准确地说，观念让多种多样的可感物构成了一个拥有同样

1 Cherniss, 1944, p.178.

名称的集合。对事物来说，它们分有观念的第一个结果就是命名。在这个意义上，如果在名称和观念之间存在着某种本质上的关联，那么观念绝不是等同于名称，毋宁是让名称得以命名的原则，通过这个原则，名称分有了观念，可感物获得了它们的名称。但是，我们该如何设想这个原则呢？是否有可能认为，其原则的融贯性不依赖于它与可感物（从观念那里，可感物成了同音异义词）之间的关系？

正是因为亚里士多德批判了围绕这一观点的观念论，所以我们应当首先考察一下他的批判。亚里士多德解释说，观念和可感物之间的关系，滥觞于“整体而言的东西”（τὰ καθόλου=τὰ καθ’ ὅλου λεγόμνεα，亚里士多德也使用了“多之上的一”［τὸ ἕν ἐπὶ πολλῶν］这种表达）与个体而言的东西（καθ’ ἕκαστα）之间的关系。我们没有将 καθόλου 翻译为“普遍”，因为这会将观念问题等同于普遍性问题（quaestio de universalibus），而这个等同代表着从亚里士多德直到古代晚期，再到经院哲学的对观念论的接受的历史和误读。

事实上，亚里士多德写道（《形而上学》，1078b18 ff.），苏格拉底是第一个试图从整体而言来下定义的人，

“但他并没有将整体而言的事物（τὰ καθόλου）视为分离物（χωριστὰ），柏拉图主义者将其分离出来，将这些实体称为观念，因此，他们得出结论说，所有事物的观念都是整体而言的东西（τῶν καθόλου λεγομένων）”。在《形而上学》第一卷中谈到的哲学原理的简史中，亚里士多德将柏拉图的观念论总结如下：“那些主张将观念放在第一位，借此来理解可感实体的动因的人，也引入了相等数量的其他实体——仿佛一个人来数事物的数量，数量很少，他不好计数，唯有当数量增多了，他才能计数一样。因为观念大致上等于，而不会小于那些实体的数量，这些思想家从此来研究这些实体的动因。对于每一实体，都有一个统一体凌驾在多样性（ἓν ἐπὶ πολλῶν）之上，那么存在一个诸多实体之上的同音异义词，既是我们日常生活事物，也是永恒事物的同音异义词。”（990a34-b8）

对于亚里士多德来说，柏拉图主义者的错误恰恰在于整体而言（καθόλου）的分离：“因为我们说一的方式，与说存在完全相同（τὸ ἓν λέγεται ὥσπερ καὶ τὸ ὄν），一的本体（οὐσία）就是一，因为本体在数量上为一的事物，数量上就是一，十分明显，事物的本体既不是一，也不是存在，正如元素的根本或原则的根本（τὸ στοιχείῳ εἶναι ἢ ἀρχῇ）都不可能是本体……存在和一，相比于原则（ἀρχή），元素和动因，更接近于本体。它们仍非本体，因为那些共通的（κοινὸν）的东西不是本体。事实上，除了它自己和拥有本体且就是本体本身之外，本体不可能规定任何东西。一不可同时以多种方式（πολλαχῇ）存在，而共通的东西则可同时以多种方式存在。于是很明显，整体而言规定的虚无，于一侧持存着，不同于单一事物（παρὰ τὰ καθ' ἕκαστα χωρίς）。那些肯定观念（τὰ εἴδη）在说这些观念是彼此分离时，是正确的，因为对他们来说，这些东西就是实质，但如果他们所说的是凌驾于多之上的一（τὸ ἓν ἐπὶ πολλῶν）的观念（εἶδος），他们就说错了。他们如此说的理由是他们不可能解释一个存在于那些独特且可感的事物（παρὰ τὰς καθ' ἕκαστα καὶ αἰσθητάς）一侧的永生不灭的本体。他们提出这些（诸多观念），依照观念（εἶδος），等同于可朽的事物（那些我们所知的东西），说'自身的人'（αὐτοάνθρωπον）和'自身的马'（αὐτοΐππον），加上词'自身的'（αὐτό），借此来命名了可感物的名称。"（1040b16-1041a5）

这样，亚里士多德驳斥了柏拉图主义认为有一个分离的本体和实存，这些分离的本体和实存是整体而言规定的说法，然而对他来说，明显的是，普遍性——整体而言的东西（τὰ καθόλου）的拉丁语译法——不可能是本体，它只存在于个体可感物之中。所以，柏拉图将一般性的“人”（或“马”）一词本体化了，以此来区别于个别的人或个别的马；相对于可感物，为了在其同音异义词中来说明它，他在这些共通性的名词前面加上了一个代词“自身的”（αὐτό）：“自身的人”（αὐτοάνθρωπον）和“自身的马”（αὐτόϊππον）。

11.

正是从对观念的语言表达的分析出发，我们可以指出亚里士多德解释的不足，与此同时，也可以帮助我们更准确地理解柏拉图的理论。

这种通过加上代词“自身的”（αὐτό）对观念的语言表达，在亚里士多德看来是成问题的，在《尼各马可伦理学》中，他指出“追问（柏拉图主义者）‘自身的人’（αὐτοάνθρωπον）的表述是什么意思的人会陷入窘境（ἀπορήσειε），因为人本身（αὐτοάνθρωπος）和人（ἄνθρωπος），都只是对人的界定的言说（λόγος）”（1096a34-b1）。在《形而上学》（1035b1-3）中，明显提到了柏拉图的哲学离题话中讨论过的圆，在同样的意义上，亚里士多德写道：“我们可以同音异义地谈论绝对的圆（ἁπλῶς λεγόμενος）和个别的圆，因为它们都没有专用名词（ἴδιον ὄνομα）。”也正是由于使用了代词“自身的”（αὐτό）——在亚里士多德看来，这个用法是有问题的——我们才能缓和观念和可感物之间的同音异义关系，理解柏拉图的观念之中的关键所在。

让我们回到《书简七》中作为观念示例的表达：圆自身（αὐτὸς ὁ κυκλός, 不是“自身的圆”［αὐτόκυκλος］，亚里士多德说道）。观念并不具有一个专名，但它也不是单纯与名称相一致。毋宁说它是由一个照应代词“自身的”（αὐτό）的形容词用法所设定的东西。

与名称不同，代词并不具有词典上的意义（用弗雷格的话来说，不具有意义［Sinn］，或者用米尔内［Milner］的话说，不具有一个“潜在参照”［referenza virtuale］）。唯有当其他已经被赋予意义的词语指意指之后，照应代词（如“自身的”［αὐτό］）才能指定现实的某个部分。换句话说，这意味着一个缺乏潜在参照的术语（反身代词）和一个被赋予了潜在参照的词语（前照的名称）之间的共照（coreferenza）和恢复的关系。[1]按照动词“恢复”（ἀναφέρω）的意思，它恢复了一个由前照的名称所指定的事物。我们看看下面的例子：“我看到一个圆。你也看到了它吗？”照应代词“它”，缺乏任何潜在参照，需要通过它与先于它的词语“圆”的关系来赋予其一个参照。

我们现在可以重读一下哲学离题话中的段落。

> 有种东西叫作“圆”（κυκλός ἐστί τι λεγόμενον），我们刚刚拼读的这个词本身就是它的名称。第二样是它的定义，由名词和动词组合而成，因为“每一端点到中心的距离相等”，这或许就是以“圆形”“圆周”或“圆圈”为名称的事物的定义。第三样是画下来和擦去的圆，镟刀镟出和毁去的圆，尽管这些圆都与圆自身

1 Milner, 1982, p.19.

（αὐτὸς ὁ κυκλός）相关，但圆自身不会经受这样的变化，因为它跟这些圆截然不同。

“自身”（αὐτὸς）指的是什么？通过何种方式，在其中“恢复”了什么？首先，这里的问题不仅仅在于相同关系。不仅柏拉图的清晰的陈述，而且其中的句子的语法结构都排斥了这种关系。在古希腊语中，代词“自身的”（αὐτό）（有着“同样的”意思，与一个名称并列）可以通过两种方式来架构其意义，取决于它表达的是同一性（拉丁语的 idem），还是本身（拉丁语的 ipse）：ὁ αὐτὸς κύκλος 的意思是“同样的圆”（同一性的意思）；另一方面，αὐτὸς ὁ κυκλός 的意思是“圆本身”，这就是我要澄清的特殊意思，柏拉图将这个意思用作观念。在 ὁ αὐτὸς κύκλος 中，实际上代词被置于冠词和名词之间，这样直接指向了名称，而在 αὐτὸς ὁ κυκλός 之中，指向的是一个由冠词和名称构成的短语。古希腊语的冠词“ὁ”最开始具有着照应代词的意思，意味着被言说被命名的事物。正因为如此，到后来它才具有了亚里士多德所谓的“整体而言”（καθόλου）的意思：一般的“圆”，普遍的“圆”，对立于个别的圆（在没有冠词的拉丁语中，我们发现很难说明一般性词语的表达）。

更为明显的是第五个要素，正如柏拉图不断强调的那样，圆自身（αὐτὸς ὁ κυκλός）不可能指哲学离题话中列举的前三个要素：它指的既不是名称“圆”，也不是它的潜在参照（这等于是定义，对应于普遍性的词语“圆”），更不是个别的可感的圆（实指的圆）。我们也不可能将其指向某种来自我们内心的知识或概念——柏拉图随后小心翼翼地说明了这一点（《书简七》，342c8）。

那么，这个短语所恢复的东西只可能在这个短语当中，这个短语开启了一个词列，同时在它之外：κύκλος ἐστί τι λεγόμενον（“存在着某种叫作圆的东西”或从字面意思上看，“被说成是圆的东西”）。这个短语在这个词列之外，也就是说，先于第一个要素。毫无疑问，这一事实已经通过如下事实得到证明，即对第一层次负责的名称，必须通过一个照应代词来指向它，ᾧ τοῦτ᾽ αὐτό ἐστιν ὄνομα ὃ νῦν ἐφθέγμεθα——字面意思是“它是一个与我们刚刚说过的东西一样的名称”。

ℵ 本维尼斯特说明拉丁语 potis 一词的原初意义（它源于印欧语系中的 pot），其意思是“主人”，实际上指向了人格的同一性，如同小品词的表达（通常是形容词或代词，像拉丁语 ipse），它的意思是“恰好就是他自己”（如赫梯语的 pet，一个附属小品词，“回到刚才话语中谈到的对象”，或者拉丁语的 utpote，“正是由于”，它指向的是一个既定的谓词所决定的某人）[1]。“很难理解一个意思是‘主人’的词在力量上如此孱弱，仅仅指的是‘它自身’，不过很容易理解形容词指代了人格上的同一性，意味着‘他－自身’，获得了‘主人’的意思”[2]。这样，本维尼斯特指出在许多种语言中都有同样的语言现象：不仅仅是拉丁语的 ipsissimus 在普劳图斯（Plautus）那里有“主人”的意思，而且在古希腊语中，毕达哥拉斯学派的 αὐτὸς ἔφα，按照他们最优秀的老师毕达哥拉斯的说法，意思是“他自己已经说过”[3]。

我们也可以通过说明 potis 的意思是“他用来作为命

1 Benveniste, 1973, p.74.

2 Ibid..

3 Ibid..

名他的名称或指向他的谓词的某物或某人”，来补充本维尼斯特的定义。在这个意义上，柏拉图的自身(αὐτὸς)用法得到了进一步的澄清：在这里同一性不是数或质的同一性，而是由已经拥有某个名称，通过某种方式已经在语言中说过的东西来定义的同一性(或者毋宁说：自身性[ipseità])。

12.

不过，对照应词语的说明远不只这么简单。如果我们在圆（κυκλός）一词中来看它，那么就会出现圆和名称“圆”的混淆，下面的句子（“与我们刚刚说出的东西相同的名称”）就会变得非常多余。我们还没有考察不定代词 τι，斯多葛学派将之变成了最基本的本体论范畴：但作为一个缺乏潜在参照的代词，为了相应地得到恢复，它不可能脱离之前或之后的那些词语。同样，正是因为柏拉图打算强调这种不可分离性，所以他没有使用 ἐστί τι κύκλος λεγόμενον，而是写道：“这个说过的东西叫作圆”（κυκλός ἐστί τι λεγόμενον）（《书简七》，342b）。仔细考察之后发现，这个句子构成了一个不可分割的整体，其中的关键既不是圆，也不是东西，更不是说过，而是“东西 – 被说的 – 圆”（l’essere-il cerchio-detto）。换句话说，柏拉图并不是从直接的东西开始，而是从一个业已在语言中的东西开始，随后，他辩证地回到了通过语言言说的物自体。按照《理想国》（511b3-c2）中界定得非常好的辩证法，非预定原则（ἀρχὴ ἀνυπόθετος）只能通过耐心细致的对已经假定过的东西的辩证消除来得到（“不是将命题作为一个原则［ἀρχαί］，而是作为假设”）。圆本身——柏拉图称之为圆的诞生（τοῦ κύκλου τῆς φύσεως）（《书简七》，342c8）——不是一个可说之物，或者某种已经处于语言学之中的东西：它是一个从它被说成是圆之中恢复出来的圆。

所以，柏拉图用来谈观念的短语——圆自身（αὐτὸς ὁ κυκλός）——的关键并不是亚里士多德所认为的，单纯是一个普遍性的“圆”（ὁ κύκλος）：自身（αὐτὸς），由于它已经是一个有冠词照应的词，从它的被言说之中，从它的语言存在之中，得出了圆，圆一词已经从它设定的圆之中得出了圆。因此，“圆”自身，圆的观念或诞生不是也不可能是前四种元素。不过，它一点也不比那四个元素简单。它是前四个要素的关键所在，与此同时，它亦不可还原为那四个要素：正是通过它，圆才变得可以言说，可以认识。像亚里士多德所认为的那样，观念的确不具有专名，但是，由于自身（αὐτὸς），观念也并非是事物的完美的同音异义词：作为“物自体”，观念指明了纯粹可说性层面上的物，以及纯粹命名物的名称。这样，由于在它那里，物和名称是不可分割地从内部结合在一起，没有任何的意指关系，这样，观念既不是普遍性，也不是特殊性，而是作为第三项，它是这个对立的中立项。

ℵ 在《斐多篇》(76e)中，柏拉图十分清楚地提到界定观念的照应现象:“如果我们谈到的事物存在着，美、善，以及所有那种类型本质的东西存在着，如果我们将可感物回溯到(ἀναφέρομεν)它们之上……”

普罗提诺肯定了照应词自身(αὐτὸς)在本体论上的不可化约性，这样，他用十分清晰的方式，十分悖谬地将其作为先于本体的存在:“知识是某种一元(ἕν τι)的东西，不过是无物之一(ἄνευ τοῦ τι ἕν)。如果它是物，它就不是‘自身的一’(αυτοέν)，因为‘自身的’(αὐτό)先于某物(πρὸ τοῦ τὶ)。”[1]

א 弗雷格认为所有的符号都有意义(Sinn)和含义(Bedeutung),他看到有时候我们使用一个词,打算说的不仅仅是它的意义,而且也指向这个词的物质实在(如当我们说“‘玫瑰’(rosa)一词由四个字母组成”时),或者说,指向一个不依赖于实际参照的真实意义的意思。为了说明词语的这个特殊用法,我们为之加上了引号。

如果我们试图指出的不是这个词的物质性或意义,而是在其意义中的某种东西,即说一朵玫瑰时的“玫瑰”这一名称时,会发生什么?在这里,语言触及了一个极限:我们可以将“玫瑰”命名为一个对象(nomen nominatum),但不是实际指向玫瑰的名称本身(nomen nominans)。这就是弗雷格用“概念‘马’不是一个概念”的语式,米尔内的“语言学词语没有一个专名”的公理表达出来的悖论,当维特根斯坦写道:“名称说明了它指

1 Plotinus, *Enneads*, 5.3.12.

向了一个对象”，但它不可能说出它指向对象的事实[1]，他也提出了类似的东西。

在玫瑰的观念中，在玫瑰自身中，关键在于，它不是名称“玫瑰”的同义词（这就是玫瑰的观念与玫瑰是同音异义词的原因）。由于它表明，不在照应代词自身（αὐτὸς）的形式下，命名“玫瑰”之名是不可能的，观念代表了语言命名权力终止的地方，名称不可能将名称自身命名为一个名称，这揭示了玫瑰本身，那个纯粹可说的玫瑰。

13.

从这个角度来看，我们可以更好地理解瓦尔特·本雅明对作为名称的观念的解读。按照本雅明的说法，观念从现象领域中回撤，只有在它们的名称范围内（或者它们拥有了一个名称）才能被给出：“真理的结构需要一个存在物，它并无意向聚集那些单纯的事物，但它高于那些事物的表象……存在从所有现象性中回撤，这种力量归属的唯

---

1 Wittgenstein, *Tractatus Logico-Philosophicus*, 4.126.

一存在物就是它的名称。它决定了观念给出的方式。但它们并非是在原初语言（Ursprache）中作为一种原初感知（Urvernehemen）给出的，在原初感知中，词语保留了其命名的高贵性，并不会迷失在认知含义当中……观念是某种语言的东西，更准确地说，在词语的本质上，它是让词语成为一个象征的要素。”[1]

并不像随后本雅明引用的哈曼·古特尔特（Hermann Güntert）的那段引文中那样，问题的关键并不仅仅在于“将词语奉若神明”，而是在于词语被隔离在某种范围的语言之中，这个语言范围不同于词语的意指关系，也不可能还原为它，即名称的范围——或者毋宁说命名，这就是本雅明在回溯到亚当的例子时的用词：“这不仅仅是柏拉图的态度，也是亚当的态度，人类种族之父也是哲学之父。亚当的命名绝不是玩玩而已或碰巧命名，实际上他肯定了那个天国，在天国里，根本不需要为意义交流而努力。”[2]

第一位认为在两种语言平台（即名称和话语）间存在着不对称性的哲学家是安提斯泰尼（Antisthenes），他提

1 Benjamin, 1977, p.36.

2 Ibid., p.37.

出原初单纯的本体不可能是言说（λόγος）或话语，而只能是名称。在《泰阿泰德篇》中，苏格拉底明显指向了这个假设，他谈到了原初要素，并给出了如下说法：“所有自在和自为（αὐτὸ καθ' αὑτὸ）的事物只能被命名，不能给它添加任何限制，它既不是，也并非不是……甚至不是‘自身的’（τὸ αὐτὸ），不是‘那个’（ἐκεῖνο），不是‘每个’（ἕκαστον），或者‘独自的’（μόνον），或‘这个’（τοῦτο）……不可能在话语中来谈任何原初要素，因为它们只有一个名称（ὄνομα γὰρ μόνον ἔχειν）。”（201e ff.）（维特根斯坦的《逻辑哲学论》的命题 3.221 提出了同样的观点：“只能被命名的对象……我们只能谈论它们：不能将它们付诸言辞。”）

柏拉图试图处理这种不对称性。他将观念置于只有名称的语言层面上，观念试图思考的是，对被命名的事实和生成的同音异义词来说，个别事物发生了什么。换句话说，观念是一般性的对立面，但我们可以同时理解为什么在这个意义上，它们会被误解为普遍性的东西。词语命名一个独特性，将其构建为一个同音异义词，只能用带有同样名称的事实来对它进行界定——定义先于对它有什么特征或特质的认识。现象和观念的关系并不是通过共同特征的分有来定义的，而是通过同音异义词，即纯粹拥有一个名称来定义的。这就是柏拉图试图通过照应词自身（αὐτὸς）来反对安提斯泰尼的看法——事物寄居在纯粹拥有一个名称的存在一侧："圆自身"（αὐτὸς ὁ κυκλός）所把握的圆并不是在意指关系上来把握的，而是在其纯粹拥有一个名称的层面上，纯粹可说性的层面上来把握的，正是这个层面让话语和认识成为可能。

14.

在《神之名》（*Götternamen*）一书中，赫尔曼·乌舍那（Hermann Usener）说明了宗教概念的形成和诸神之名的形成之间的紧密关联。对于乌舍那而言，名称不是"一个概念（νόμῳ）的传统符号，或用来把握物自体及其本质（φύσει）的指称"，名称是一次与"某种并非它自身的东西"突然的撞击所留下的印象。[1] 诸神之名的形成反

1 Usener, 2000, p.46.

映了这些语言概念的形成，它们从绝对独特性发展成为特殊性，并将其置于种类的概念当中。所以，命名事件——词语的“铸造”（conio），这是乌舍那喜欢用的词——尤其相对于最遥远的年代而言，就是研究概念形成和人们宗教表达的形成的主要工具。于是，乌舍那说明了对于每一个事物，每一个重要的行为，都有一个在语言中创造出来的“临时性的神灵”（Augenblicksgott），这个神灵的名称与行为的名称一致，通过有规律的重复，这个神灵变成了一个“瞬间的神祇”（Sondergott），最终变成了一个人格神。罗马人的神谱[1]（indigitamenta）保留了一些神灵的名称，这些神的名称与个体行为或农业要素相对应——Vervactor 指的是第一次播种（vervactum），Insitor 指的是犁地，Occator 对应于用耙来耙地，Sterculinus 则指的是用粪便来肥沃土地……

乌舍那受到了他那个时代心理学理论的影响，这个时

1 在古罗马宗教中，神谱是由祭司院（Colleguim Pontificum）保存的一份列有诸神名字的名单，以确保在各项重大活动和公共祭祀中不会叫错诸神的名字。据传，正是罗马的第二任王——努马王，给出了最早的古罗马宗教的神谱，这份神谱只保留了诸神的名字，也就是说，它没有关于诸神的任何实质内容。——译注

期的心理学将知识视为一个过程，通过重复和抽象，从特殊物走向一般概念。然而，他多次提到，一旦某个专名固定下来，这个特殊的神祇就会按照自己的规律来自由地自我扩展，这会导致新的命名的产生。在乌舍那的研究中，神的名字变成了类似于密码的东西，或者说，变成了神的形象诞生和历史发展的内在规律。若将乌舍那的假设拓展一下，我们可以说，命名事件和神的事件是相一致的。在名称出现的瞬间，神就是某物或某种行为。通过行为名称（nomen agentis）的形式，在这个意义上，神就是个体行为的同音异义词：Occator 就是耙地的同音异义词，Sterculinus 就是用粪便肥沃土地的同音异义词，如此等等；然而，一旦诸神的名字发展为一个自足的形象，他就不会再与个体行为对应，而毋宁是与被命名的东西对应。

在这里，清晰地出现了乌舍那的学说与柏拉图的观念论的类比：正如一开始名称并不是通过一个概念来命名事物，而是命名神灵，在柏拉图那里，名称也不仅仅是命名可感物（或概念），而首先是命名它的可说性：观念。瞬间的神灵，就像观念一样，是一种纯粹的可说性。

15.

在这里，整个现代意指理论都遇到了问题。意指理论建立在三个要素的关系之上：能指、意义（Sinn）和所指或含义（Bedeutung），这反过来预设了亚里士多德在《解释篇》中提到的语言学—语义关联：词语 / 概念 / 事物（正如一位晚期古代的评注者指出的，“词语通过概念来指示事物”）。今天，语言学家喜欢将意义称为“潜在参照”，将含义称为“实际参照”，并认为尽管前者的定义并没有太大困难，但要解释一个术语实际上以何种方式指向具体对象，基本上是不可能的。在这里，埃米尔·本维尼斯特在晚期著作中用这个判断得出结论——这在一定程度上代表了语言科学的失败——按照这个结论，语言被分成了两个平面，而两个平面（即符号学平面和语义学平面）彼此不相关联，在两个平面之间，没有任何过渡的可能性：“符号世界是封闭的。从符号到句子没有任何过渡，也无法通过短语或其他什么来实现过渡。一道壕沟分裂了它们。”[1] 既然符号带有它的潜在参照，那么后者通过什么样的方式，

1 Benveniste, 1974, 2:65.

让自己得以实现，指向一个个体对象呢？（在 1772 年 2 月 21 日写给马库斯·赫茨［Marcus Herz］的一封信中，康德已经问道："我们的表达如何指向对象？"）

在这一点上，我们宁可像这样来提出问题：现代逻辑和心理学如何会毫无保留地接收一个完全专断的机制（如亚里士多德的那种机制，他将实际上属于名称的性质作为一个概念引入到心灵中）？这就是命名开启的要素——这就是概念的起源，这样，在《解释篇》的关联中，它是首先被提及的——这个要素，作为一个纯粹的符号被置于一旁，被特别地悬置（ἐποχή）起来。通过这种方式，存在-语言的本体论关联——存在在语言中被言说的事实——被转移到心理学和语义学之上。通过这种方式，这个关联总是已经被抹除了。随着西方哲学史漫长的发展过程，本体论总是已经被塑造成一种灵智学（gnoseologia）。

另一方面，柏拉图的模式不可能完全用词语-概念-事物的关联来表达，这个模式产生一个因素——观念，它表达了存在被言说的纯粹事实。在这里并不需要用心理学过程来解释知识——心理学过程实际上是一种神话——这个过程起始于特殊，通过重复同样的感觉，通过概念的抽象，走向了一般：特殊和普遍，感性与知性都是通过观念直接统一在一个名称之下。本体论并不与认识论冲突，但先于认识论，且它是认识的前提（观念是“借助它，所有的实体才能被认识，成为真实”的东西，柏拉图《书简七》中说明了“认识是某种不同于圆自身的本质的东西”［342a］）。通过这种方式，跟随着本雅明对柏拉图意图的深刻洞悉，每一次观念都保障了认识的对象不可能与真理完全一致。

为了这个目的，恢复柏拉图的态度，所以斯多葛主义为他们的意义理论加上了“可说性”。从“玫瑰”一词和“玫瑰”的概念，可以指向个别的现存的玫瑰，我们需要假定玫瑰的观念，即纯粹可说性上的玫瑰，即它的“诞生”。我们可以跟随最富柏拉图主义的现代诗人的正确的诗性直觉，“我说：一朵花！我的声音让所有真正的外形都趋于遗忘，成为某种不只是所知花萼的东西，在音乐中浮现了它的观念和绝妙，而所有的花束均无此物”[1]。

1　Mallarmé, 1945, p.368.

א 我们总是需要再一次研究符号学和语义学在语言学平面上的区分，我们不能低估这个区分对哲学的影响。本维尼斯特继承并发展了索绪尔关于语言和言语的对立，并用如下说法来概括："符号学决定了语言学符号特有的意指关系的模式，符号将其确立为一个单元。为了达到分析的目的，我们可以分开来思考符号的两个侧面，但从意指关系的角度出发，它是并将一直是一个单元。符号唯一产生的问题是它的实存问题，回答是或否：树—歌—洗—神经—黄—上（albero-canzone-lavare-nervo-giallo-su），而不是 *olbero-*vanzone-*lasa re-*dervo-*nu…… 符号自身就是纯粹与自身的同一性，纯粹差异是相对任何其他符号的关系……而对于语义学，我们则进入到由话语产生的意指关系的特殊模式。这里出现的问题是作为信息生产者的语言功能。现在这个信息不能还原为一个分开辨析的连续的单元序列；并非符号的相加产生了意义，相反，意义只能从整体上考察，意义实现了自身，并将自己区分为不同的特殊符号，即词语……关键这是两种不同的观念秩序和两种概念空间，倘若从彼此不同的正确的标准来看它们之间的差异，这一点会更加明确。

符号学(符号)需要得到承认，而语义学(话语)必须得到理解。在承认和理解之间的差异导致两种不同的心灵功能……”[1]

任何人想理解语言学意指关系，而不考察语言中的分裂的人，注定都会失败——这就是今天符号学和逻辑学的尝试，最终他们都建立在亚里士多德的范式之上。事实上，将专属于符号的意义，转给心灵或灵魂，是完全非法的。这也不可能建立起——就像亚里士多德在《解释篇》所做的——一种命题理论(就是语义学理论)，它起源于对语言的纯粹符号学的定义。

柏拉图的观念处理的就是这个分裂，他用自己的方式注意到了这个分裂，例如，在表达名称(ὄνομα)和言说(λόγος)之间的对立时就是这样。观念是可感物的同音异义词，是对可感物命名的根源，符号触及了一个门槛，一旦跨越了这道门槛，就进入到语义学之中。在这个意义上，对语言平面分裂为符号和语义的感知，与古希腊哲学的起源是一致的。如果恩斯特·霍夫曼(Ernst

1 Benveniste, 1974, 2:225.

Hoffmann）对赫拉克利特的断篇 I 的解释是正确的——我们可以跟随恩佐·梅兰德里[1]（Enzo Melandri），认为就是这样——在赫拉克利特的“著作残篇”（συγγραφή）的开头，就十分准确地说明了言说（λόγος）与词语（ἔπεα）之间的对立。在这里，我们读到，人们在听到言说（λόγος）之前和之后都不能理解它，因为他们停留在词语（ἔπεα）的符号学层面，没有经历事实上的言说，即语言本身。

16.

柏拉图的策略在这一点上变得可以理解了。他并不是要实质化或分离出一个一般性——正如亚里士多德认为的那样——而是试图思考纯粹的可说性，没有任何概念规定的可说性。哲学离题话后来的段落很清楚地说明了这一点：“由于言说的缺陷，这四样东西表达的是每一个事物的属性（τὸ ποῖόν τι），而不是它们的存在（τὸ ὂν）……这两样东西——存在与属性——灵魂试图了解的不是属性

1 Enzo Melandri, 2004, pp.162–64.

（τὸ ποῖόν τι），而是‘是什么’（τὸ δὲ τί），而前四样东西给灵魂提供的都不是灵魂所追求的东西。”（《书简七》，342e-343a；343b-c）因此，柏拉图试图表达纯粹存在，或某物的“诞生”，他求助于代词；事实上古代语法学家已经将代词界定为话语的一部分，话语表达的是不带属性的实体（如普利西安［Priscian］说道：代词就是不带任何具体属性的实体［substantiam significat sine aliqua certa qualitate］）。与亚里士多德不同，柏拉图并没有使用指示代词（“所有的实体都代表着这一事物。”［πᾶσα ουσία δοκεῖ τόδε τι σημαίνειν.］［《范畴篇》，3b10］），而是使用了照应代词自身（αὐτὸς）。

在引用自《范畴篇》的一段引文中，亚里士多德区别了原初实体，表明了“这”，它展现了是一且不可分割的某物（给定的人，给定的马），从次生实体（人，马）开始，那里并不蕴含着指示代词，而是标明了一个属性（ποιόν τι σημαίνει）（《范畴篇》，3b12-16）。在任何情况下，事实就是，对于亚里士多德来说，存在着一个点，在那里语言指明了一（ἓν σημαίνει），即明确地触及其参照物。

另一方面，对于柏拉图来说，由于“言说的缺陷”

（τῶν λόγων ἀσθενές），唯一（虽然不充分）在一个纯粹存在事物的诞生处展现它的方式，并不是指出它，而是通过照应代词自身（αὐτὸς）来从语言中恢复它。在《蒂迈欧篇》（49d4-6）中，柏拉图毫无保留地承认了这一点，即通过指示代词无法指定可感物，必须用照应代词来指定它："无论何种可感物，我们感觉到它从一种状态到另一种状态不断变化，就像火或水一样，我们不能将它描述为'这'（τοῦτο），而是描述为'如此这般'（τοιοῦτον）。"亚里士多德的本体论最终建立在指示代词之上，柏拉图的本体论最终建立在照应代词之上。也正因为如此，柏拉图可以通过观念来思考非预设的本源（ἀρχὴ ἀνυπόθετος），一种并非预先设定的超越存在的本源。

如果名称"圆"既规定了存在，也规定了圆的属性，那么在观念中（在"圆自身"中），名称在其指示功能中得到恢复，并走向了纯粹被言说的圆，即走向纯粹可说性。这意味着不仅康德的问题——按照康德的说法，存在并不是一个真谓词（即"某物的概念是添加到物的概念之上的"）——对于柏拉图的观念来说是正确的，也意味着柏拉图并没有将观念实质化为一个普遍性，普遍性可以位于某个地方，如在天国中，在心灵中（按照辛普里丘［Simplicius］谈到的柏拉图学说，观念“无处可存”[1]）。在纯粹可说性中的关键问题，只能通过缓慢而耐心的照应代词来揭示，“让这些名称、言说（λόγοι）、视像（ὄψις）和感觉放在一起彼此摩擦”（《书简七》，344b4），这就是灵魂开启的事件，在哲学离题话中，实际上将这个事件比作一道光，由星星之火点燃的一道光：“作为与物自体持续共存和在那里与之交流的结果，在刹那间产生了灵魂，仿佛星星之火点燃的一道光，随后滋润了它自己。”（《书简七》，341c6-d2）

א 为什么柏拉图关心“物自体”？为什么“这就是他要严肃对待的东西”？如果问题的关键在于语言与世界的原初关联——“被言说的存在”（τὸ ὂν λέγεται）——那么我们可以说，对于亚里士多德来说，这个关联发生在词语、事物和概念之间，所引入的观念超越了它们，柏拉图则试图深入考察被言说和被命名的物的事实。如果思想总

1 Simplicius, 1882, p.453.

是来自一个业已被命名的世界，那么它就可以在被言说的纯存在中，即在它的纯粹可说性当中，通过观点的照应词来回溯地指向物自体。通过这种方式，柏拉图深入考察了语言的纯粹和不可化约的直接给予性。在这一点上——名称是从对物的命名中恢复的，而事物是通过名称在它被命名的存在中恢复的——世界和语言关联了起来，即它们只能通过一个未能表达出来的东西来实现统一。

17.

从晚期古代的波斐利到波爱修斯（Boezio），随后，在中世纪的逻辑学中，都旨在将观念论转化为普遍性问题（quaestio de universalibus）——在这个意义上，它是对柏拉图意图最差劲的误读，这正是因为，当承认了观念具有“逻辑”本质之后，这实际上将它与语言学要素的特殊关联分离开来，而语言学要素在术语“可说性”中仍然十分重要。在波爱修斯对亚里士多德的《解释篇》的评注中，这个分离得到了完善。亚里士多德的“灵魂的考验”（παθήματα τῆς ψυχῆς），波爱修斯将其翻译为拉丁语的概念（intellectus），成为语言的意指关系的首要对象，而它与物的关系变成了次要对象和衍生对象："事实上，当语音中的事物意味着物与概念（res intellectusque significent），概念意味着处在第一位，而事物是被知性所理解的，借助概念的沉思（per intellectum medietatem），处于第二位。"[1]另一方面，它发展了亚里士多德的主张，按照亚里士多德的说法，考验（παθήματα）和事物完全是一回事，而词语和字母却是不同的，波爱修斯指出，从四种要素中形成了语言学 - 语义学的关联，两个（物［res］和概念［intellectus］）是自然的，而另两个（命名［nomina］和文字［litterae］）是习俗的（positione）。这就是走向概念优先性，将可说性变成精神实在的过程的开始，其同一性完全不依赖于听觉物质性中的词语。只有词语的概念通过这种方式从它的可变的能指中变得自律，从知识中消除语言学的过程（它将会走向现代科学）才是可能的。正如禄普雷西·帕吉（Ruprecht Paqué）指出，之所以如此，是因为现代科学并不纯粹是发源于对自然的

1 *In Peri Hermeneias*, 2.33.27.

观察，而首先是奥卡姆的威廉和中世纪逻辑学家的研究让其成为可能性，这些逻辑学家在语言经验中，让人的解释（suppositio personalis）独立出来——在人的解释中，词语在行为中参照，仅仅作为一个纯粹符号指向外在于生命的物（res extra animam）——将这种解释凌驾在所有那些情形之上，在那些情形下，词语仅仅指的是自身（suppositio materialis）。

古代世界不可能也不会倾向于走向现代科学，因为尽管数学得到发展（显然是一种非代数学的形式），但是它的语言经验——它的本体论——不容许以某种方式参照世界，古代的人们认为这个世界不依赖于语言之中自身展现出来的东西。因此，在《书简七》的附记中，柏拉图绝对没有将概念置于优先地位，概念与名称一样，是可变的和不稳定的，在《克拉底鲁篇》中，他认为名称究竟是自然的，还是习俗的这个问题是一个开放的问题。唯有当奥卡姆的威廉和其他晚期的唯名论者将语言还原为一种中性的指示工具，才有可能在所有方面的语言学意指关系中——肇始于自我指称——消除那些曾经被认为与语言共存的东西，后来这些东西被贬低为修辞和诗。

这并不完全意味着柏拉图仅仅试图调和现实，仿佛自然是通过语言（在他那里，用的是古希腊语）来展现自身的。在这里，观念和可感物之间的同音异义关系展现了它的丰富性。观念不同于可感物，但与可感物共享名称。不可见和无法感知的观念，与可感的语言学因素（名称）保持着一种无法化约的关系来维系自身的存在，借此，观念也无法还原为个体感性实体。因此，在《巴门尼德篇》对观念论令人疑惑的解释（这个解释质疑了观念和可感物所有可能的关系，包括分离关系、分有关系和类似关系）中，同音异义关系是唯一没有被驳斥的关系。在肯定了观念和可感物之间的绝对分离之后产生了一个荒谬的结论，巴门尼德事实上有一个十分清楚的说法，按照巴门尼德的说法："具体事物，对我们来说，与观念是同音异义词，与它们自身，而不是与观念有关系，它们的名称来自它们自身，而不是来自观念。"（《巴门尼德篇》，133d）

唯有借助与物的同音异义关系，不是通过概念的一般性，也不是通过对"其他名称，不同于此的名称"的探索；唯有通过名称本身，来说明"实体的真理是什么"（《克拉底鲁篇》，438d），观念才能合法地结束"名称彼此之间的内战”(ὀνομάτων οὖν στασιασάντων)(《克拉底鲁篇》, 438d)。柏拉图借助照应词组“物自体”指出的本体论关节的第五样东西,是无法通过语言中其他名称来命名的(我不可能将这个圆的观念称为“库博阿”［kuboa］,而是称之为“圆自身”)。不可能拥有一个专名的就是可说性,它只能在名称中表现出来。正如纯粹和无法命名的可说性,物自身就是“超越名称的”(πλὴν ὀνομάτων,字面意思是“在所有的名称之外”, πλὴν 在词源学上的意思是“近”)(《克拉底鲁篇》,438d)。

א 普遍性学说和唯名论之间的关系问题十分复杂,我们不可能——正如在哲学历史编纂学中多次发生的事情一样——将唯名论(至少是奥卡姆的威廉之前的唯名论)还原为心灵中(in mente)对普遍性的概念化。12 世纪的唯名论学说的代表,皮耶尔·阿伯拉尔(Pietro Abelardo)尤为重要。阿伯拉尔的理论并不是普遍性理论,而是名称论,名称既不同于物(rex),也不同于词语(vox),更不同于概念(intellectus)。像同时代的其他逻辑学家一样,他事实上肯定了在同词根词语变化(如形容词、动

词等）上，名称是统一的（unitas nominis）。动词和词语变形是按照时态和情态来变化的，而名称所指定的东西就是最终的一和不变的东西。这个逻辑问题甚至也对神学领域产生了影响，因为这意味着“基督降生”（Christum esse natum），无论是在基督之前还是之后，这一陈述在所有时代都是正确的。用曾经概括了唯名论问题的圣文德（San Bonaventura）[1]的话来说，“其他人认为，在某一时间段某一陈述（enuntiabile）是真的，那么它就总是真的，总是以同样的方式来认识……这样，一些说法，如 albus、alba 和 album，这些是不同的词，拥有三种不同的意指方式（modi significandi），但意味着同一个意思（unam significationem importent），只有一个名称。也就是说，他们认为不应该在词语一边，也不应该在意指关系一边，而是要在被意指的物一边，来理解陈述的统一性。同一件事物首先是未来，其次是现在，最后是过去，因此陈述一件事物，首先是未来，其次是现在，最后是

1　圣文德（1221—1274），中世纪意大利的经院哲学家、神学家。作为第七任方济各会总会长，他同时也是枢机主教，兼阿尔巴诺教区总主教。圣文德于 1482 年 4 月 14 日被教宗西斯都四世尊奉为圣人，并于 1588 年被教宗西斯都五世列为教会圣师之一。——译注

过去，那么过去并不意味着与这些陈述有什么不同，他们只有词语上的差异(non facit diversitatem enuntiabilium, sed vocum)”。

正如有人已经观察到的那样[1]，阿伯拉尔的唯名论在这个意义上明显带着柏拉图主义的因素，与可说性原理有着明确的关系(甚至是术语上的关系)，阿伯拉尔将可说性称为“陈述”(enunciabile)。对阿伯拉尔来说，认识的对象既不是词，也不是概念，更不是物，而是被名称所意指的物：“当然，当我们说它们(物的共同形式)不同于概念(ab intellectibus)，我们就引入了物与概念之间的第三个因素，即名称的意义(praeter rem et intellectum tertia exiit nominum signification)。”[2] 在这个意义上，他写道：“不要这样来思考物，而是要想到它有一个名称(non propter se, sed propter nomina)。”[3] 然而，逻辑学和形而下学是分裂的，因为他们必然去研究“物的本质是否与陈述相一致(rei natura consentiat enuntiationi)”[4]。

1 Courtenay, 1991, pp.11–48.

2 Abelardo, 1919, p.18.

3 Rijk, 1956, p.99.

4 Ibid., p.286.

א 观念让可说性走向了语言上最抽象的方面，但这个抽象并非概念抽象，而是让可说之物保持与实体真理的关系的抽象，所有的名称，所有的语言都趋向于真理，但无法触及真理——这并不是一种语言的名称。观念是纯粹的可说性，即通过所有名称让其具有意义的东西，但语言中没有一个名称或概念能达及自身。阿奈尔多·莫米格里亚诺(Arnaldo Momigliano)认为古希腊人的局限在于他们不说外语——在某种程度上的确如此，然而柏拉图和亚里士多德完全知道可以按照不同的语言，以不同的方式来命名同一个事物(这隐含在柏拉图的《书简七》中一个段落中，柏拉图说名称不具有稳定性，而在《解释篇》中的说法是，对于所有人来说，词语是不一样的)。名称圆(κύκλος)，拉丁语的圆(circulus)和意大利语的圆(cerchio)都命名了同一个事物：但圆本身在所有语言中都是同音异义词。那么，我们可以说，归属于观念的语言学要素——可说性——并不仅仅是名称，也有翻译，或者说对名称的翻译。本维尼斯特在翻译中认识到这一点，即我们理解了符号学和语义学的差异。事实上，我们可以将一门语言的语义变成另一门语言的语义(这就是翻译的可能性),但无法将一门语言的符号变成另一门语言的符号(这就是翻译的不可能性)。在可能性和不可能性之间的交点处,可翻译性处在两门语言的统一和分裂的门槛处。本雅明强调说,从这里得出了翻译与哲学的关联。从符号学到语义学的艰难过渡,在这里不仅仅出现在一门语言之中,而且也遍及多种语言,体现在所有语言意图的整体当中。因此,马拉美感觉到,相对于观念,我们不可避免地缺少一门完美的语言。按照柏拉图的说法,取代语言的是哲学的言说(λόγος),它让所有语言都回到了其缪斯女神般的根源,如果哲学不是"缪斯女神本身"(αὔτη ἡ Μοῦσα)(《斐多篇》,499d)的话,那么哲学就是"最高的音乐"(φιλοσοφίας ... οὔσης μεγίστης μουσικῆς)(《斐多篇》,61a)。

18.

观念问题与其地位问题密不可分。观念具有"超越天国”（ὑπερουράνιον τόπον）（《斐德罗篇》，247c）的地位（ἔχει τὸν τόπον），这意味着它们“没有位置”（οὐκ ἐν τόπῳ），亚里士多德（《物理学》，209b34）和辛普里丘[1]都看到了这一点。不过，尽管它们没有一个位置，所以，它们有不存在的风险（“它既不在天国里，也不在大地上。”［《蒂迈欧篇》，52b］），但是观念在本质上与可感物的发生密切相关——尽管“以一种神奇的方式（ἀπορώτατά，字面意思是‘完全难以实现’）”，它“难以把握”（δυσαλωτότατον）（《蒂迈欧篇》，51b）——它们留下的印记（τυπωθέντα ἀπ᾽ αὐτῶν）在某种程度上是“难以言表和玄妙莫测的”（δύσφραστον καὶ θαυμαστόν）（《蒂迈欧篇》，50c）。我们知道《蒂迈欧篇》中提出了空域的理论，哲学史上已经给出了解读——至少从亚里士多德之后——即位置是一个物质原理，在这里，用了同样的术语，问题变成了观念和物质的关系。

让我们简单地总结一下《蒂迈欧篇》中的说法。柏拉图开始承认提出两种类型的存在是不够的，即知识和永恒

1 Simplicio, 1882, p.453.

范式（观念），以及它的变化和可感物。所以“第三种和不同类型”（τρίτον ἄλλο γένος）是作为一种需要或必不可少的假设（言说［λόγος］“迫使”［εἰσαναγκάζειν］我们“让其显现”［ἐμφανίσαι］［《蒂迈欧篇》，49a］）被引入的。其本质“太过艰涩”，得不到恰当的界定，但可以通过一系列连续的定性来描绘它。首先，它是所有代际都“可以接受的”（ὑποδοχή）。所有可感物不停地产生与灭亡，需要在“某个地方”（ἐν ᾧ）出现，正如为了用金子来塑造人物，就需要金属一样（从这个形象中，亚里士多德或许演绎得出这里的关键是身体材料）。

“容纳所有物体的自然”通常是一样的，它自身没有形式，没有组织，就像“锻造的材料”（ἐκμαγεῖον）一样（《蒂迈欧篇》［50c］，这个词包含着“混合”的观念，类似于 μάσσω, μάκτρα），于是可以认为，自然也容纳了所有形式的印记。于是，这种印记持有者被比作“母亲”，而容纳印记的形式被比作“父亲”，两者之间的中间本质就是“儿子”。如果母亲没有缺少她自己的形式，那么她所接受的印记（ἐκτυπώμα）就无法被看到，因为她自己的形式“在一侧被展现”（παρεμφαινόμενον，亚里士多德在《论灵魂》［429a20］中使用了同一个动词，来说明如果物质概念在认知概念的形式一侧显示了它的形式，它就阻碍了理解）。所以，第三种东西，即母亲（容器和印记持有者）是“看不见的种类”（ἀνόρατον εἶδός，在古希腊语中，这个词是矛盾用法），它位于“本质上的形式或观念之外”（ἐκτὸς εἰδῶν,《蒂迈欧篇》［51a］）；不过，“它用一种非常玄妙的方式分有着，这就是在知性中最难理解的东西”。

在这个阶段，在经过了一段令人眩晕的阐述之后，柏拉图得出结论说，我们需要承认（ὁμολογητέον，动词是ὁμολογεῖν，去承认，即决定一个必须要承认的真理）三种存在类型：（1）一种不会产生，也不会朽败的类型，它在其中不会容纳任何东西，它不会变成别的什么东西，也是不可见和不可感的（ἀναίσθητον），但可以通过知性来思索；（2）与第一种类型同音异义且类似的类型，它在任何地方（ἔν τινι τόπῳ）不断产生，不断地朽败，可以被意见所把握，与感觉相伴随（μετ᾽ αἰσθήσεως）；（3）永恒，无法摧毁的空域，它为生成出来的事物创造空间 (ἕδρα)，“在没有什么感觉的情况下，可以通过一种混杂的推理来触及”（μετ’ ἀναισθησίας ἁπτὸν λογισμῷ τινι νόθῳ），它只能被相信。我们如同做梦一般看着它，认为所有东西都必须在某个位置上，并占据一定的空间（ἔν τινι τόπῳ καὶ κατέχον χώραν），这个既不是天国，也不是大地的东西就是虚空。

19.

卡尔洛·蒂亚诺（Carlo Diano）首先看到柏拉图用一种非常特殊的方式规定了空域的可知性。不仅因为“可触及的”（这个形容词他仅仅用来指可感物）强烈地对立于“麻痹”（或者说缺少感觉），而且也更是由于与其使用“没有感觉”（χωρίς 或 ἄνευ αἰσθήσεως）之类的普通表达，不如使用“有些麻痹，与缺少感觉相伴随”这样带有矛盾的表达[1]。当我们“缺少感觉”时，我们会想到什么？当他写道，感知某物发生，并不仅仅会导致无法感知，而且导致了一种缺乏感觉的感觉，感觉到了麻痹时，柏拉图的

1 Diano, 1973, Passim.

意思是什么？观念仅仅是无感（ἀναίσθητον），而这里能感觉到的就是麻痹，就是这样的感知。推理的“混杂的”性质仿佛做梦一样感受到了空域，这来源于如下事实，即它混杂了两种可知性（知识和感性）的形式。如果柏拉图可以写道，空域分有了知性——尽管这有些难以理解——这是因为观念和位置通过感性彼此相关联，仿佛麻痹否定性地界定了观念，而麻痹在这里有了一种肯定的性质，成为感知的一种特殊形式。

普罗提诺对《蒂迈欧篇》这段话的评论，说明了当灵魂通过混杂的推理接受了物质材料时，它并不是思考了虚无，而是接收和经受了某种东西：“灵魂的激情（πάθος）是否与它思考虚无时一样？不，因为当它思考虚无时，它不会说或者经受任何东西。相反，当它思考物质时，它才会经历情感，就像无形的印记（τύπον τοῦ ἀμόρφου）。”[1] 柏拉图使用了印记的隐喻，写道：空域——在某种意义上它是最难以解释和最神奇的东西——从观念中“接受了一个印记”（τυπωθέντα）（《蒂迈欧篇》，50c），在这里关系被颠倒了：是观念从无定形（amorfo）中接受了印记。

1 *Enneads,* 2.4.10.

先将普罗提诺似乎赋予其上的神秘性的差异搁置一旁，这里的关键问题是空域问题，它让知性和感性之间的简单对立变得中性化了，证明了它是不充分的。在《巴门尼德篇》中关于观念论的玄妙解释中，柏拉图说明了观念和可感物之间的绝对区分（分开地［χωρίς］思考他们，为了进行批判，亚里士多德恢复了这一论断，亚里士多德谈的是 χωρισμός，即分离）会产生荒谬的结论。或许为了应对已经在学园里流行起来的批判，柏拉图十分巧妙地用 χώρα 的十分贴切的双关，来回答了 χωρίς 和 χωρισμός 的谜题。在这里，我们试图没有感觉地和不纯粹地感受的，不仅仅是可感物，而且还有它的占位（aver luogo）[1]，知性和感性彼此的交流。既不能在天国，也不能在大地上占据一个位置的观念，只能在物体的发生 / 占位（aver luogo）时占据一个位置，与之相适应。

这就是柏拉图在几行字之后，用非同寻常的坚定刚毅

1 aver luogo 在这里也有双关意义，一方面是阿甘本非常重视的意义，即物占据了一个位置（luogo），意大利语的 luogo 对应于古希腊语的 χώρα（空域）；同时，aver luogo 在意大利语中还有发生的意思，这意味着事物的发生，即占据了一个位置。于是，是否占据位置，成为事物是虚无还是存在的标志。——译注

写下的东西："为了帮助真正存在的东西，那里实际上就会出现真正的话语，说明只要某一事物与其他事物分离（即观念和可感物），二者都不会成为对方，变成一样东西，与此同时，也不会成为两样东西（ἓν ἅμα ταὐτὸν καὶ δύο γενήσεσθον）。"（《蒂迈欧篇》，52c-d）

ℵ 空域一词意味着未被占据但可以被物体占据的位置或空间。在词源学上，与之相关的词语涉及一个空位（privazione），当某物被拿走之后剩下的空位置：寡妇（χήρα）和空（χῆρος）。动词 χωρέω 的意思是"创造位置，给出空间"。在 χωρίς, χωρισμός 和 χωρίζειν 词语中包含的"分离"的意思，非常容易解释：为某物创造位置或给出空间，就是把它分离出来。

ℵ 普罗提诺用一整篇论文来讨论柏拉图的空间理论，古代版本被编纂为《论物质或论两种物质》[1]。事实上，他接受了亚里士多德的命题，即柏拉图将空间等同于材料（"在

1 *Enneads*, 2.4.

《蒂迈欧篇》中，柏拉图说物质[ὕλη]和空域[χώρα]是同一回事。"[亚里士多德，《物理学》，209b13]）；但因为他意识到感性和知性之间的空域问题，他必须承认两种物质的存在，一种是知性的，它涉及观念，而另一种是世俗的，它涉及可感物。在《蒂迈欧篇》的"混杂的"推理中，普罗提诺看到了一种通过未界定的（ἀοριστία）的观念来思考空域形式的缺乏的意图。这种推理形式是"混杂的"，因为在某种程度上，它是非知识的（ἄνοια）和无语言的（ἀφασία），不过它仍然包含着肯定的东西："这种灵魂的不确定性是什么？或许是一种非知识或无语言吗？或毋宁说不确定性也包含了某种肯定性的话语（ἐν καταφάσει τίνί），正如对于眼睛来说，模糊也是可见颜色的一种物质，也就是说灵魂从可感物那里拿走了所有的光，无法继续明确说出还留下了什么，非常近似于在黑暗中的视觉，用黑暗来界定自己，即黑暗也是一种视觉。"[1]而几页之前，普罗提诺强调了作为一个过程的思想物质具有无法穿透的性质，这个过程将我们带出所有

1 *Enneads*, 2.4.10.

存在的深渊。如果所有的存在都是由物质和形式组成的，思想试图思考物质，“将这种二元性分开，直到达到不能继续区分的单纯的某物，在某种程度上，这是可能的，分离出它，给它一个空间直至深渊（χωρεῖ εἰς τὸ βάθος）。每一个物的深渊都是物质。因此，所有的物质都是模糊的，因为语言是光亮，思想就是语言。因为思想在所有物之上看到了语言，它认为在那些东西下面就是黑暗，像眼睛一样，它有光的形式，观看光和色彩，认为被颜色隐藏的东西就是模糊和物质”[1]。

在看似对神秘体验的准确描述的过程中，普罗提诺实际上抓住了一个不可辩驳的事实，即走向空域的混杂的推理（λογισμός）仍然是一种语言经验（κατάφασίς 是用于肯定的逻辑词汇，为了说关于某物的某物）。通过触及这个极限（深渊）的指示语言，思想触及了空域，即每一实体的纯粹占位（用普罗提诺的话来说，即物质）。物的纯粹占位对应于语言在意指关系的极限处的纯粹的停留（stazione），对应于语言赤裸地给出自身。

1 *Enneads*, 2.4.5.

20.

正如将观念当作“普遍性”的误解已经损害了正确解释的可能一样，亚里士多德和新柏拉图主义将空域等同于物质，也影响到对它旷日持久的接受史。重要的是，对观念的误读，将观念混同于抽象（ἀφαίρεσις）。完全以同样的方式，空域被理解为物体被抽离于其情感后所留下的东西。亚里士多德在《物理学》中写道：“由于位置似乎是尺寸的外延（διάστημα），它是物质（ὕλη），它不同于尺寸，它就是被形式所包围和限定的东西，仿佛它是一个平面或界限。这恰恰就是物质，没有界定的东西（τὸ ἀόριστον）。如果我们事实上拿走（ἀφαιρηθῇ）界限和某个范围里的感受，留下的东西只有物质。因此，在《蒂迈欧篇》中，柏拉图说物质和位置是同一回事。”（209b6-11）毫无疑问，亚里士多德在这里误解了柏拉图：不仅柏拉图没有使用一个抽象过程来界定空域，而且亚里士多德自己完全知道——就像他不久后所写的那样——和物质不一样，位置是可以从物那里分离出来的（“形式和物质不可能与物分开［οὐ χωρίζεται］，但位置可以。”［209b22-23］）。

柏拉图同样总是十分谨慎地将第二种类型与第三种类型区分开来，即将空间区别于在空间中产生的可感物。

然而，问题在于亚里士多德对物质的概括已经受到了柏拉图的空域学说的影响，在很多方面，他们俩是重合的，但即便我们倾向于轻率地承认——正如后来从新柏拉图主义到笛卡尔的传统那样——他们大致相当的假设，我们也应当说明柏拉图认为物质不是外在物（res extensa），而是所有物体的占位。物体的占位与物体不同，它关系到知性：因此，观念——所有实体的可理解性和可说性——在感性占位时占据了位置。

א 在所引段落之后不久，亚里士多德就继续说道："有能力分有（τὸ μεταληπτικόν）的东西和空域是同一回事，尽管（柏拉图）在《蒂迈欧篇》以及所谓的未成文的教诲（ἐν τοῖς λεγομένοις ἀγράφοις δόγμασιν）中用不同方式来称呼有能力分有的东西，然而他认为位置和空域是同一回事。所有人都认为位置是某种东西，但他是唯一试图说出位置是什么的人。"（《物理学》，209b10-16）

即便《蒂迈欧篇》中并没有出现分有（μεταληπτικόν）

一词（不过，我们看到，相对于在知性上的空域的分有，柏拉图给出了一个类似的词：μεταλάμβανον），亚里士多德在这里为了将空域规定为可以让可感物在知性中分有的东西，似乎参照了在学园里十分流行的术语。之后不久，他再一次使用了相同的词，这一次是为了给出一个反对意见："如果我们在这里可以离题一下，我们就应当问问柏拉图，如果位置有能力分有，正如在《蒂迈欧篇》中所写的那样，无论它或大或小，或者是物质，为什么观念和数字都没有位置。"（209b33-210a1）

如果柏拉图并没有否认这个假设，即观念没有位置——尽管他肯定了空域会导致可感物在知性中产生"一种玄妙的"分有——这是因为，如果观念在空域中占位，那么就会有另一可感物出现在已经产生的物体一旁，这就是亚里士多德相信的东西，事实上，他看到了观念中可感物的无用的复制。如果，在另一方面，我们说观念并不拥有自己的位置，但在可感物占位的时候占据了一个位置，观念和可感物将会同时是二和一（ἅμα ταὐτὸν καὶ δύο）。观念既不是事物，也不是另一事物，而是物自体。

21.

在《世界体系》（*Système du monde*）专门讨论柏拉图的空间理论的部分中，皮埃尔·迪昂（Pierre Duhem）[1]提出在《蒂迈欧篇》中的“混杂的推理”就是“几何学推理，这种推理既通过与之相伴随的想象建立在理智（νόησις）之上，又建立在感知（αἴσθησις）之上”。[2]迪昂对科学理论的特殊认识，与新柏拉图主义针锋相对，把握了空域学说的一个关键。事实上，不言而喻，像阿契塔（Archita）[3]和那个时代的几何学家那样，柏拉图非常清楚空间让几何学成为可能，而柏拉图将几何学知识作为进入他的学园

1　皮埃尔·迪昂（1861—1916），法国物理学家、科学史家和科学哲学家。迪昂主要以其在化学热力学领域的工作、对实验非充分决定性的科学哲学探讨和对欧洲中世纪科学史的研究而知名。作为一名科学家，迪昂的贡献还包括对流体动力学、弹性理论的研究。——译注

2　Duhem, 1913, p.37.

3　阿契塔（前约 420—前约 350），希腊数学家。他是毕达哥拉斯学派的成员，居住在塔伦通，那里是当时保留到最后的一个毕达哥拉斯学派的活动中心。阿契塔的兴趣在于立方倍积，即给定一个立方体，仅用圆规和直尺作另一个立方体，使这个立方体的体积是给定的立方体的两倍。后来他发现，在所指定的条件下，这个问题是不可解的。但是在经过一番努力之后，他发现了与比例中项（在两个外项之间插入的一些线或数值）有关的一些定理，并使用比立方倍积问题所给条件更自由一些的工具，巧妙地解决了这个问题。——译注

的必要条件之一。因此，在简单地界定了空域后，它说明了造物主是如何通过等边三角形和不等边三角形，按照一定的数量比例来生产各种要素的（《蒂迈欧篇》，53a-55c）。

我们在这里看到了作为柏拉图科学概念基础的看法。几何学“推理”（按照古希腊的用法和柏拉图自己的用法中的主要意思，λογισμός一词应该更准确地翻译为“计算”）是一种混杂的推理——它同时属于知性和感性——因为它不能直接指向可感物，但可以指向它们在空间中占据的位置。与自然语言的言说（λόγος）不同（不过，与之相近），数学的计算（λογισμός）让我们可以克服名称的“孱弱”——它总是将存在和物的性质一起给予我们——由于意指关系的纯粹的量，然而这个量并不指向物或概念，而只指向给予自身，即“某物”纯粹的占位。

空域和语言之间的根本关联在这里一览无余：空域——空间和物的占位——就是当我们一个接着一个拿走话语的语义要素，走向语言纯粹的符号学层面（不是走向写作，而是走向声音）之后出现的东西。换句话说，空域是一道门槛，在这道门槛上，符号学与语义学、感性与知性、数与观念似乎在那一刻都和谐了。如果在名称之下，观念把握了语义的极限，那么在空域中，解释（μάθημα）则触及了符号的极限。

22.

对古希腊几何学的术语分析给我们提供了十分有启发的结果。我们回到欧几里得《几何原本》中给出的定义：σημεῖόν ἐστιν, οὗ μέρος οὐθέν。翻译成现在的话是“一个点是没有部分的东西”，这并不会让我们理解如下主要事实——在所有意义上——在古希腊语中，“点”也被称为“符号”（σημεῖόν）。正确的翻译应该是这样：“存在着符号，在符号那里没有部分。”奠定了几何学的观念就是“意指关系的量”。（波恩哈德·黎曼［Bernhard Riemann］[1]经常用他那异常清晰的口吻说道：“一个集合的各个明确的部分，由一个符号或一个线段来区分，我们称之为量

1　波恩哈德·黎曼（1826—1866），德国著名的数学家，他在数学分析和微分几何方面作出过重要贡献，他开创了黎曼几何，并且给后来爱因斯坦的广义相对论提供了数学基础。——译注

［quanta］。”）这一点非常重要，因为正是柏拉图及其学园的成员，认为必须用σημεῖόν（符号）来取代一个表示“点”的古代词汇，即στιγμή（通过刺［στίζειν］的行为，一个物体留下的痕迹），为的是强调与语言学意指关系的关联：点并不是物质实体，而是一个意指关系的量[1]。

在柏拉图的意图中，这意味着哲学唯有耐心地通过名称、命题和概念（《书简七》中的话是“让它们彼此摩擦”），才能触及观念——它与可感物是同音异义词。而数学处在一个“混杂的”层面上，在那里意指关系的量——不是词语，而是数字——让我们可以通过一种玄妙的方式将知性元素和感性元素结合在一起。对于几何学家来说，这里所谈到的并不是名称下的可感物及其性质，而是通过一个纯粹的能指本身（“一个没有部分的符号”）让其发生纯粹的占位。

א 对欧几里得《几何原本》卷七的单子(monade)定义(定义1)的考察—— μονάς ἐστιν, καθ᾽ ἣν ἕκαστον τῶν ὄντων

---

1 Mugler, 1959.

ἓν λέγεται——会产生一个类似的结果。我们想一下今天流行译本的同义反复说法:"每一事物都是由于它是一个单子而存在的,这个单子叫作一。"唯有我们理解了这里的关键是"叫作",才能避免这种同义反复:单子并不是真正的实体,而是来自词语和事物之间的纯粹意指关系。如果我们看一下"一"自身中语言及其参照物的纯粹关系,"一"就是被言说的。因此,亚里士多德写道,数学家"思考属性,但并不是因为它们指向实在:也就是说,他分离了(χωρίζει)实在。通过思考,它们可以与运动分离"。他还说,观念论的支持者在没有意识到的情况下做了同样的事情:"他们分离了自然事物,相对于数学事物,它们更加不可分割。"(《物理学》,193b32-194a1)将属性与指向实体的参照分开,意味着拥有了任由其支配的一门语言——数学语言,这门语言可以悬置它的命名,即悬置它与既定的真实对象的参照,而保留纯粹的关系形式。

23.

在这个方面，我们可以理解为什么柏拉图的科学理想——根据辛普里丘的证明——是通过“保留表象”（τὰ φαινόμενα σῴζειν）这一短语来表达的。在辛普里丘对亚里士多德《论天国》的评注中，用如下方式描述了柏拉图指派给科学（在这里是天文学）的问题：“柏拉图已经在原则上承认了天体是按照圆形轨道运行，这种运行是统一的和有规则的，他向数学家提出了如下问题：‘什么是圆？我们是否需要将统一而有规则的运动作为一个假设，去保留漂移不定的星体的表象（διασῳθῆναι τὰ περὶ τοὺς πλανομένους φαινόμενα）？’”[1]

如果数学家的问题是去保留表象，这意味着，一旦目标达到，他就不应当将假定的星体运动等同于真实的星体运动。迪昂写道：“天文学并不能理解星体的本质，但可以为我们提供一个形象。这个形象不够精确，但十分近似……我们需要的几何学的工作是作出假设，来保留星体的表象运动，这些假设既不是真的，也不是花言

1 Duhem, 1908, p.3.

巧语。它们是不能毫无形式归纳上的荒谬就变成实在的纯粹概念。”[1]

于是，辛普里丘肯定了如下事实，即天文学家提出了不同的假设来解释同一现象，这没有什么问题：“很明显，关于各种假设分歧的不同意见并不是反证。我们的目标是认识哪种假设可以保留表象。倘若另一个天文学家试图从其他假说来保留表象，我们不应感到奇怪……为了保留不规则性，天文学家认为每一个星体都有很多种运动，一些假说假定了离心运动，或周转运动，另一些假说则提出了同心圆运动……正如行星的静止和逆向运动或者在一些运动中发现的量级增加和减少的运动，都不被认为是真实的，所以一个符合真理的说法并不一定将其假设当作真的一样来思考……天文学家十分乐意得出结论说，我们有可能通过通常沿着同样方向的圆周和统一的运动，来保留不定星体的表象。”[2]

如果从柏拉图的科学态度来看，数学假设不能满足于保留表象，也不能声称它等同于真实，这是因为最后数学

1 Duhem, 1908, p.23.

2 Ibid., pp.25-27.

参照的是意指关系的量，而不是真实实体。它将自己定位在语言的符号学门槛上，但不可能跨越这道门槛。

24.

唯有将关于语言的数和观念的关系放置在某种秩序下，我们才能将下面的有争议的问题推进，即柏拉图如何理解观念和数字的关系。在任何情况下，所谓的未写就的教谕都非常重要，古代的证明不逊于现代学者的意见。亚里士多德自己——无论如何，他告诉我们柏拉图区分了“事物的数学元素（τὰ μαθηματικὰ τῶν πραγμάτων）（它作为可感物和观念二者的中间［μεταξύ］），它既不同于可感物，因为它们是不动的和永恒的，也不同于观念，因为它们更近似于多，而观念本身是一和独特物”……似乎将数和观念结合在一起，混同了它们。他承认：“像毕达哥拉斯学派一样，柏拉图说过数是其他事物属性（οὐσία）的动因。”（《形而上学》，987b14-25）在《对亚里士多德形而上学的评注》中，阿弗洛迪西亚的亚历山大（Alessandro di Afrodisia）作出抉择，将观念等同于数：“数是第一性的实体。因为形式是首要的，观念出现在事物之前，并与它们保持关系，从它们那里得到存在……（柏拉图）说观念是数（τὰ εἴδη ἀριθμοὺς ἔλεγεν）……此外，观念是另一些事物的原理，当观念是数的时候，观念的原理就是数的原理，他说数的原理就是一和二。”[1] 辛普里丘反对亚历山大并不是没有理由的，“很有可能柏拉图说过，所有事物的原理都是一和不定的二……但这里，他并没有说不定的二（他称之为指向物质的大小）也是观念的原理，他将物质限定在可感世界里……毕竟，他也说过，观念只有通过思想才能认识，而物质‘是通过一个混杂的推理才值得信赖的’”[2]。借助空域，让观念和可感物的二分的中立化成为可能——这也就是让几何学和数学成为可能的条件——让亚历山大将数还原为观念，而辛普里丘十分反对这一做法。

然而如果我们看到观念和数——在本体论上它们是类似的——有着清晰的区别，因为相对于语言而言，它们分别处于不同的区域中，矛盾就可以得到解决。观念不可能

1 Alexander of Aphrodisias, 1891, p.56.

2 Simplicius, 1882, p.151.

完全脱离名称，数学符号就是来自语言纯粹的自身给予的结果，即它们是意指关系的量，表达了语言和世界之间的意指关系给出自身的方式。换言之，观念和数，哲学和数学，经历了语言的不同极限，观念处于语义学的极限上，而数处在符号学的极限上。

在这个意义上——由于它表达了语言和世界在没有任何语义学上既定的真实对象的参照条件下的符号学关系——数学或许是作为本体论的纯粹形式出现的。从这里得出了将本体论等于数学的复兴潮流，最近的例子就是阿兰·巴迪欧的观点，由于“数学即本体论”[1]，我们可以从集合论出发来重述第一哲学。为了反对将这种两种封闭且有所不同的平面混淆起来，我们需要记得，对于柏拉图来说，本体论——假定在他的思想中界定某种叫作本体论的东西是有意义的——只能从名称的平面出发来进行。他的哲学，至少对我们的知识而言，主要定位在自然语言的

1 巴迪欧在其《存在与事件》的沉思一中明确提出了“数学 = 本体论”的命题，而在《存在与事件》的绝大部分内容中，巴迪欧都试图通过集合论的方式对这一命题给予证明，参看阿兰·巴迪欧:《存在与事件》，蓝江译，南京大学出版社，2018 年。——译注

平面上，并试图让它自己在其中运作，从来没有准备抛弃这个平面，它通过耐心细致和长期艰苦卓绝的辩证的演练，最终旨在回到与可感物是同音异义关系的观念那里。很明显，数学也预设了语言（严格来说，我们知道没有语言，我们就会对世界上的数学一无所知）；然而，这不仅仅是将其定位在语言之中（就像辩证法一样），而且也在将自己定位在语言和世界的纯粹关系之中，定位在没有意义的纯粹意指关系之中。在名称中给定自身的可感物与它们的纯粹位置（θέσις），即它们在空域中的占位相匹配。由于数学家和哲学家都盯着世界的可知性，他们是非常相近的邻居：不过，正如诗人和哲人一样，在语言经验中数学家和哲学家就分道扬镳了，而且他们之间很难彼此交流。

25.

如果科学和哲学没有意识到它们之间的相似性和差异，在某种程度上，它们就不会感觉到它们各自的任务。因为如果柏拉图对它们的玄妙关系的定义是正确的，那么它们只能通过在相互的张力之中维持自身来追求它们各自的目的。作为在名称中对观念的沉思，哲学必须不断地让自己超越它们，走向语言的极限，然而，这不可能用哲学的术语来超越，正如科学一样，科学试图保留（被“不定的动因”［πλανομένη αἰτία］［《蒂迈欧篇》，48a］混杂和混淆的）现象，它只能——没有取得任何成功——将它的话语翻译为自然语言的话语，实验就是这样一个担当翻译任务的场所。

今天，柏拉图科学的范式，并没有完全从西方科学中消失，但它正在经历一场危机，我们似乎无法克服它。科学对语言学表达的重述——在后量子物理学中变得格外明显——与哲学无法面对语言的极限是同时出现的。没有观念的哲学，即一种纯粹概念的哲学，通常会变得没有什么科学用处（ancilla scientiae），而科学成了这样的哲学：它无法思考自己与寓居于自然语言之中的真理的关系。将哲学分成（即便在体制上和地理学上也没有任何交流）的两个领域——我们想当然地接受了这个区分——反映了某个要素（语言的空域）的缺失，在其中哲学和科学可以互相交流。一方面，我们试图不惜一切代价用形式概括出自然语言，从中排斥了属于它的“诗性”成分，另一方面——

我们忘却了尽管哲学还在语言中，但它必须不断地追问语言的极限，这正是因为回到了其缪斯般的根源（实际上，它本身就是缪斯：αὕτη ἡ Μοῦσα）——在一个对称的二元对立中，我们不再追问诗歌来自机器下的神灵（deus ex machina），仿佛它是一个外部原则一样。

只有从这个难题出发，从失去的过程（πόρος）和经验（πεῖρα）出发，我们才能调和哲学和科学，我们才能解释技术的不受羁绊的支配作用，哲学家和科学家似乎都十分恼火地看到了这一点。技术不是对科学的“应用”：它不再用于保留表象，而是用其假设取代现实，去“实现”表象的科学的必然产物。实验的转型——现在是通过机械来实现的，今天的机械如此复杂，它们已经不再面对真实的条件，而是旨在驱使它们——如此有说服力地说明了语言之间的翻译不再是问题。科学已经放弃了保留表象，它的目的只能是毁灭，哲学不再通过观念在语言中追问自身，也就失去了它与可感世界之间的必然关联。

26.

17 世纪剑桥的一批柏拉图主义者，在神学和科学的特殊交叉领域重新复活了空域理论。在他们中最有智慧的如亨利·摩尔（Henry More），他与笛卡尔的通信集中，没有说过空域一词，不过，对摩尔而言，他反对笛卡尔，坚定认为不能将空间还原为物质。如果像笛卡尔所说，我们将外延等同于物质，那么上帝在世界上就再没有什么空间了。另一方面，毋宁说存在着某种非物质的外延，这也是存在的属性。为了反对笛卡尔的物质定义，摩尔在给笛卡尔的信中写道："理性让我们相信，上帝以他自身的方式外延着，他无处不在，躬亲整个世界和诸个部分的机制的运行。他何以能让运动与物质相关呢……也就是说，如果他没有触及它，或者不曾触及它？……所以，上帝外延着，以他自身的方式扩展着：结果是，上帝是一个外延的事物（Deus igitur suo modo extenditur atque expanditur; ac proinde est res extensa）。"[1] 换句话说，对于摩尔来说，存在着一个"神圣外延"（divina extensio），为了概括

1 Descartes, 1953, pp.96-98.

这个外延，他跟随柏拉图主义（cum platonicis suis），以及维吉尔的诗歌（后来成为泛神论的标志），说道："心灵遍布整个肢干，激活了整个质量，凝聚了整个身体。"[1]绝对的空间，无限且永恒不变的空间——在那里，就像在柏拉图的空域中一样，所有的运动和现象得以产生——就是我们无法想象它不存在的东西。在摩尔的思想中，他逐渐将绝对空间等于上帝："这个无限的和永恒不变的外延，不仅真实，而且神圣（Divinum quiddam）。"他不无讽刺地看到，在这里，他"让上帝通过同一扇门回到了世界，而通过这扇门，笛卡尔的哲学思想试图将上帝驱逐出去"，这扇门就是外延[2]。在这一点上，形而上学与神学和谐一致了，摩尔可以列出一系列神圣的"名称"或"标题"，完美地适应于这个神圣化的空间：太一、单纯、不变、永恒、完美、独立、自身存在、自身持存、不朽、必然性、伟岸、非造物、全在、无实体（Incorporeo）、洞悉一切、容纳一切。他写道："此外，我忘了卡巴拉主义者将上帝

1 Descartes, 1953, p.100.

2 More, 1671, p.69.

称为 Makom[1]，即空间。”[2]

在这个神圣空间的定义中看到的东西，不仅仅是《蒂迈欧篇》的词语，即空域之类的东西，这是正确的，“在自身中容纳了所有可朽和不朽生物”的空域被描述为“一种可感知的神（θεὸς αἰσθητός），即一种知性的形象”，“它囊括了所有可见的事物”，是“最宏伟和最高的善，公平和完美”。这就是所有存在物的神圣空间，绝对空间，几年之后牛顿使用了一个开创性的形象，在他的《光学》一书中，将它界定为上帝的感官：“这是一个无实体的，鲜活的，智能的，全在的存在，他在绝对空间之中，仿佛在他的感觉之中，十分亲密地看到事物本身，全面地感受它们，通过直接向他呈现，来完全地理解它们。”[3]

1 Makom 对应于《托拉》中的希伯来语词 מָקוֹם，既可以指上帝所在的位置，也可以指上帝本人。按照《托拉》的说法，上帝是世界的 Makom，但世界不是上帝的 Makom。——译注

2 More, 1671, p.71.

3 Newton, 1730, p.370; 也可以参考 Koyré, 1962, p.201.

27.

四个世纪之前，有两个例外——除了他们的名字，我们几乎对他们一无所知——他们已经将上帝毫无保留地等同空域。贝纳的亚马里克没有留下什么著作，然而，我们从间接的资料和引文中了解到，他解释了圣保罗的陈述，即“上帝完全在一切事物当中”是一个彻底的泛神论，与此同时，也是在神学上对柏拉图的空域理论的展开。那些引述了亚马里克的资料，认为亚马里克是泛神论者，并嘲笑了他的结论：如果上帝完全在一切事物当中，那么上帝也是石头中的石头，鼹鼠中的鼹鼠，蝙蝠中的蝙蝠，那么我们应当崇拜鼹鼠和蝙蝠。然而，不久之后，一个无名辩护士就引用了亚马里克的论题，让我们可以正确地揭示他的洞见，让其回溯到柏拉图的源头：“在上帝那里的一切都是上帝，但所有事物都在上帝那里……于是上帝就是一切。”上帝是一切，因为像空域一样，他是一切事物的位置。上帝在每一样事物当中，正如所有事物都有一个位置：他是所有实体的占位，而且仅仅因此与它们认同。并不是说鼹鼠和石头是神圣的：神圣的是鼹鼠之所为鼹鼠，石头之所为石头，他们在上帝那里的占位。

迪南的大卫（Davide di Dinant）留下的残篇——1215年巴黎大学在章程中将大卫的书和亚马里克的著作都列为禁书——保留在他的《笔录集》（*Quaternuli*）的文本中（大部分都涉及物理学和医学问题）。编撰者给出的标题是“物质、心灵、上帝”（Hyle, mens, deus）。其中带着古灵精怪的天赋，托马斯·阿奎那称他是“疯子”，他指出上面从《蒂迈欧篇》中引述的段落有着权威地位，肯定了上帝、心灵和物质之间的绝对同一性（他遵循着亚里士多德之后的传统，物质［ὕλη］在这里意味着空域［χώρα］）：“从此我们可以得出，心灵和物质是同一回事。当柏拉图说世界是一个可感的神灵时，他是同意这一说法的。我所谈到的心灵，以及那个作为一且不变的心灵，就是神。如果像柏拉图、芝诺、苏格拉底和其他许多人所说的那样，世界就是神自己可以接触到自己之外的感受的话，那么世界的物质就是上帝自身，他降临物质的形式就是让人们可以感觉到他自己。”

通过物质——空域——上帝和心灵变成了一。空域理论从泛神论立场找到了它的终极真理，泛神论放弃了上帝和世界之间的对立，相反，只有建立在空域理论基础上，泛神论才能接受它真正的和无法企及的意义。

28.

通过里米尼的格列高利（Gregorio da Rimini），可说之物在 14 世纪得到长时期的复兴。哲学家和神学家讨论知识对象是命题（就是它所表达出来的语言学 – 精神的关节）还是生命物之外（extra animam）的实在。格列高利十分明确地在这种错误选择的两个选项之间插入了一个第三项（tertium）：真正的知识对象（以及语言中关键性的真理）既不是命题（enuntiatum）也不是外在于心灵的对象，而是陈述（enuntiabile）——或者说意指情结（complexe significabile），或者说命题的意义（significato）——格列高利试图在存在与非存在，心灵和超心灵现实之外来定义这种陈述的特殊存在模式。在《范畴篇》（12b5-16）的一段文字中，亚里士多德写道，虽然肯定与否定（例如，“他坐着”或“他没有坐着”）都是话语 (λόγοι)，但是它们之中提到的事物 (πρᾶγμα)（亚里士多德通过不定式表达“他坐着”或“他没有坐着”）并不是话语。格列高利评论了这个段落，得出结论，正确与否的既不是命题，也不是真实事物，而是陈述或意指，按照亚里士多德的说法，他借助一个不定式命题表达了“人是蠢驴”或“人不是蠢驴”。

这里的关键是，格列高利思考第三项存在的方式，由于它并不与命题，也不与外在对象相一致，就有成为虚无的风险。格列高利认为，在真命题“人是白色的”中的这样“东西”既不是“人”，也不是“白色的”物，更不是借助系词衔接起来的逻辑连接，而毋宁是自成一格（res sui generis）——“人是白色的”，既不在心灵中，也不在实在中，而是超越了实存与非实存。同样，即便在“上帝存在”（Deus est）的形而上学命题中，与之对应的陈述（或意指情结）——“上帝是”(Deus esse)——“并非其他东西，即并非相对于上帝的另一个实体（alia entitas quam Deus），不过，它不是上帝，也不是一般性的实体”[1]。

有趣的是，触及这个问题的哲学史家并没有注意到这个问题与可说之物（λεκτόν）的关联，以及与斯多葛学派的可说之物的关系（由于奥古斯丁的《论辩术》一书，中

1 Gregory of Rimini, *Sentences* 1.1.1.1; see Dal Pra, 1974, p.146.

世纪并不是不知道这一关系）。它们认为格列高利的意指情结意味着一种特殊类型的存在，它“并不与其他外在世界的实体相一致，也不与由术语或命题构筑起来的精神实体相一致，而是产生了一个意义世界（significati）”[1]。这些历史学家并没有意识到，在哲学关注中，重新浮出表面的是与柏拉图借助观念遇到的同一个问题，也是斯多葛学派用“可说之物”恢复的问题。在语言中表达的真理——既然我们并没有其他方式来表达它，真理就是对我们作为言说的人类来说的真理——既不是真实的事实，也不是独一无二的精神实体，它彻底让精神 / 实在，存在 / 非存在，所指 / 能指之间无用的对立变得中立化了。这（而不是别的什么东西）就是哲学和思想的对象。

ℵ 多个世纪之后，格列高利的意指情结重新出现在亚历克修斯·迈农（Alexius Meinong）[2] 的著作中——在术语上，

---

1 Dal Pra, 1974, p.145.

2 亚历克修斯·迈农（1853—1920），奥地利哲学家、心理学家，新实在论者。迈农在哲学上以提出对象论而著名。他认为“对象”不仅指存在着的具体事物和常存的共相，而且也包括那些非存在的东西，它们是并不存在但具有客观特性的对象，这样，我们就可以说可能存在着像圆的正方形那样的实体。——译注

迈农给出了非常富有争议的创造性的表达。这位布伦塔诺的门徒——他选择了假名迈农来隐藏他归属的贵族身份——打算界定一门“之前从未存在过的”新学科，即这门科学“考察的对象，不仅限于存在的特殊情形”[1]。他将这些知识的纯粹对象称为“对象”（Objektive）；他描述了一个与存在问题无关（Daseinsfrei）的实在区域，对于存在而言，下述公理是正确的：“对象被给出，的确是由于那种类型的对象没有被给出。”即便迈农多次选择了一些不可能的概念的例子，如“金山”，“方的圆”，或“喀迈拉”，但是他将这些称为命题内容（“雪是白的”或“蓝色并不存在”）的最优秀的“对象”，与中世纪的先驱者一样，他将这些对象的连贯性，既没有定位在物之上，也没有定位在心灵之中，而是在一个无人之地上，他称之为“类存在”（Quasisein）或者“外存在”（Aussersein）。在语言中的关键在于，物没有“祖地”（heimatlos），既不属于存在，也不属于非存在。

对象的科学，作为一种非真实的普通科学，我们

1 Meinong, 1921, p.82.

或许可以认为是作为真实的普通科学(正如它的开创者提出的那样)的形而上学的补充，当然这有点像啪嗒学(patafisica)，在差不多同一个年代里，阿尔弗雷德·雅里(Alfred Jarry)[1]将啪嗒学界定为“附加在形而上学之上的科学”。无论如何，重要的是，在西方哲学史的终结处，从一开始界定了思想最典型的对象的东西，只能在概念中寻找，它在哲学历史文献的编目中，至少可以说处在一个非常边缘的位置上。在迈农的“外存在”中，当然那里还有对柏拉图所信赖的“超越所有特殊本质”(ἐπέκεινα τῆς οὐσίας)的意图的——转瞬即逝的、被压抑的、或许不太明智的——回应。

---

1 阿尔弗雷德·雅里(1873—1907)，法国象征主义剧作家，其剧作内容怪诞、形式洗练、手法夸张，影响了后来的先锋派和荒诞派戏剧。他还创造了 Pataphysique（啪嗒学）这个词，被认为是超现实主义和未来主义的开拓者。——译注

论写序

在《书简三》（316a）中，柏拉图说他“适度关注了法律的序言”（περὶ τῶν νόμων προοίμια σπουδάσαντα μετρίως），我们可以确定他进行了实际的写作行为，因为他继续写道：“我听说后来你们有人修改了这些序言，但那些能辨识我的风格（τὸ ἐμὸν ἦθος）的人可以看出这两个部分(柏拉图写的部分和他人修改的部分)的差异。”如果我们认为，在《书简七》中，柏拉图似乎怀疑所有哲学论断的企图都是不那么精确的（这同样可以用在他自己的对话中），他或许将起草这些序言（他认为，这毫无疑问是他的工作)视为他漫长的生命中严肃的写作行为之一。不幸的是，这些作品已经散佚了。

在他的晚期作品《法律篇》中，νόμος 具有双重意义（“向神致敬而演唱的音乐作品”和“法律”），柏拉图回到了法律序言的问题（这一次他让我们相信，那封信是真的）。对话中的对话者被设定为“雅典人”，他说：“所有的言说和声音分有的一切拥有通常人们所谓的序言（προοίμιά）和预备的内容（ἀνακινήσεις），在开头，它包含着这样一种与技艺（ἔντεχνον）相一致的目的，有助于走向下面的内容。事实上，精湛绝伦的苦心写就的序言，甚至先于七弦琴的曲调（νόμοι）和所有写下来的音乐创作。对于所有现实的曲调（νόμοι，即法律）——我们认为它是‘政治的’——没有人从写作序言或创作序曲开始，让它一目了然，就好像这并不与自然完全一致。但在我看来，我们已经进行的对话证明了它与自然是和谐一致的，而我们所谈的法律（归属于自由人的法律）似乎对我来说是双重的，并不仅仅如此简单，而且它是两个事物：法律和法律的序言。我们将僭主的律令（ἐπίταγμα）比作医生开出的药方，事实上，就是纯粹（ἄκρατος，未经混杂的）的法律，先于这个法律的部分，我们称之为说服性（πειστικὸν）要素，因为它用来说服人，与言说中人们给出的序言的功能是一样的。法律制定者给出的话语，就是要去说服人，似乎对我来说，就是为了他制定法律面对的那些人而准备的，让他们心悦诚服地接受律令，即法律。于是，这里正确的用词是法律的‘序言’（προοίμιά），而不是‘言说’（λόγος）……法律制定者必须在所有律法之前都小心翼翼地给出序言，在诸多法律之间作出区分，就像我们此前谈过的两种法律一样。”（722d-23b）

诉诸一般“言说”（“声音分有的一切”）和音乐上的曲调（νόμοι）让我们得出结论，柏拉图赋予序言的特殊地位，在这里超越了严格意义上的立法范畴。这就是雅典人似乎在之后不久提出的，将整篇对话作为一篇序言：“让我们多耽搁点时间，让我们回到我们的主题上，重新开始，如果你们同意我之前给出的陈述——不是用序言作出的陈述。那么，让我们从头开始重复一遍——用一下游戏中的套话，第二遍要好过第一遍——给一个序言，而不是一个碰巧的言说(λόγος)。我们都同意从一篇序言开始。”（723d-e）如果对话进行到这里，实际上只是一篇序言，而现在其目的是故意作一篇序言，而不是言说。

按照柏拉图的说法，正如我们必须区分好的法律序言和严格意义上的言说（λόγος，即一道律令），我们也有可能在所有的人类言说中区分出一个序言性因素，区别于专门的言说性或规定性的因素。所有的人类言辞要么是序言（προοιμίον），要么是言说（λόγος），要么是说服，要么是律令，也有可能在说的时候混合了两种要素，或者说将它们彼此分开。

如果人类语言是由两种不同的要素组成的，那么哲学言说归属于哪一方？雅典人的言辞（“作一篇序言，而不是言说”）似乎毫无保留地意味着《法律篇》的对话——或许柏拉图留给我们的所有对话都是这样——应该简单地看作一篇序言。

正如纯粹的（ἄκρατος，未经混杂的）法律，即一种没有序言的法律是僭主的法律，所以没有序言，仅仅用来概括理论的言说——无论这种概括多么正确——都是僭主式的言说。这解释了为什么柏拉图对陈述理论和意见带有敌意，他宁可诉诸神话，而不逻辑论证。哲学的言辞在根本上是序言性的。而所有的人类言说都必须出现这个序言性因素。但如果法律的序言从一开始就引入了一个规范的法律部分——规定和禁止——那么哲学的序言是什么？

按照现代学者恢复的传统，隐微教诲和柏拉图的显白写作——对话——一起在学园流行，而且哲学家本来可以用明确肯定的方式概括这些原理。在这个方面，我们了解的对话，可以看成那些隐微教诲的序言和导言，而学者们必然用言说的方式来重构这些隐微的原理。然而，如果要严肃看待柏拉图在《法律篇》中的说法，而且序言性质与哲学是并存的，那么他就不可能用明确肯定的形式来概括他关心的绝大多数原理。既然它们业已存在，隐微教诲本身就拥有一种序言形式。在《书简七》中——柏拉图为了揭示他的思想，写给他的亲密同伴唯一幸存下来的信件——不仅仅他否定了我们可以用科学的形式来写作或交流他真正关心的问题，而且那篇举世闻名的哲学离题话（他称之为“真言说”，也称之为“神话和委婉说法”［μῦθος καὶ πλάνος］）——他在这个片段中解释了为什么这是不可能的——也是用非论证的方式来阐述的，他经常将这种非论证的方式（无论对还是错）视为一种特别蒙昧的神话文本。

所以，哲学言辞的序言性质并不意味着它指向了一种后序言的哲学言说，毋宁是指向了语言的本质，指向了语言的“孱弱”（διὰ τὸ τῶν λόγων ἀσθενές）（《书简七》，343a1），任何时候需要用语言来面对最严肃的问题都是如此。也就是说，哲学并不是另一种哲学言说的序言，也就是说，它是语言本身以及它本身的不适宜性的序言。不过，正因为如此——由于它拥有着自己的语言连贯性，即序言的连贯性——哲学言说也不是神话式的言说，神话式的言说与语言相反，总是伴随着玄妙莫测的东西。换句话说，哲学的言说，仅限于让自己充当非哲学言说的序言，说明后者的不充分性。

现在，我们试图推进一下这个问题，在柏拉图的语境之外来谈一下哲学言说的序言性。哲学是一种言说，让所有的言说都回到了序言。一般来说，我们可以说哲学等于语言的序言要素，严格地遵守这一点。换句话说，它避免让哲学变成言说或律令，或者严格的陈述命题或禁令（在《罗马书》中，圣保罗批判了法律的“律令”［ἐντολή］，这可以看作从法令中洗净法律，恢复法律的序言性或说服性）。可以看到，柏拉图在这方面使用了神话和反讽：他提醒那些言说或聆听的人，所有关怀真理的人类言说都必然具有序言性。言说中的哲学要素就是见证这种关怀，不是怀疑论意义上的关怀（怀疑质疑真理本身），而是恪守我们所说的东西中的序言性和预备性。

不过，无论他多么谨慎地保持在界限之内，序言最终也有可能暴露出其不足，毕竟，这与它的预备性的，也不可避免是非结论性的本质相一致。在《法律篇》的结尾，这一点格外明显，在明显地讨论了城邦政制和公民生活的所有细节之后，对话以关注那些最重要的问题而结束。按照晚期柏拉图的特殊风格，他会用一种玩笑和打趣的方式来概括一下主题：雅典人解释说，“在适当地安排事物之前，不可能针对这些事物制定法律，唯有当人们拥有了一个至高权威的时候，我们才能为人立法。事实上，只有在一起存在了好长一段时间之后，才能给出这些事物的预备性原理（πολλὴν συνουσίαν， 在《书简七》中也用了同样的词语来总结获得真理的条件）……然而，说与这种物质有关的事物是可说的（ἀπόρρητα），这并不正确：毋宁说它们处于之前未说的状态（ἀπρόρρητα，它们不可能预先被说出），因为在它们前言说（προρρηθέντα）之时，没

有阐明任何东西。”（968c-e）

这样，他重述了对话的序言性，但与此同时，他也坚持认为只有后来的言说——后记——才是最关键的。哲学在构成上是一个序言，不过哲学的主题并不是可说的，只有后记才能达到这个目的，即真正的哲学目的。序言必须变成一个后记，前奏可以变成终曲：然而，无论如何，言说（λόγος）是缺席的，玩笑（ludus）只能是失却的。

哲学家写就的任何东西（我已经写过的任何东西）都只是一部未写就的著作的序言，或者说——最终是一样的——缺少那个最终的玩笑的终曲。哲学写作只拥有序言性或序曲的性质。或许，这意味着它无法面对可以通过语言说出的东西，但可以面对言说（λόγος）本身，面对语言自身的纯粹给予。语言中的那个事件只能被宣布，或者搁在一旁，但不可能被说出（这并不意味着它是不可说的——不可说真正的意思是之前未说；它毋宁与言说给出自身的方式相一致，与人们不停地彼此言说的事实相一致）。我们只能通过一个前言或批注来言说语言，哲学家是依照他是喜欢用前者还是后者，是遵循思想的诗性要素

（诗总是一部宣言）还是那些最终放弃抒情和沉思的人的态度来区分的。无论如何，所沉思的东西就是未说的东西，它不同于词语，并与它的宣言一致。

- 附　录 -

至上的音乐：音乐与政治

1.

今天，哲学只有作为对音乐的重构，才是可能的。如果我们将音乐称为缪斯的经验，即词语诞生和占位的经验，那么在一个既定的社会里，在一个既定的时代里，音乐必须表现和主宰人类与词语事件之间的关系。事实上，这个事件——将人类构造为言说存在物的原初事件——不可能在语言中言说：它只能通过缪斯或音乐来唤醒和回忆。在古希腊，缪斯女神表达了这种与原初的词语事件的关联，由于词语的发生，它被分成九种形式或形态，没有缪斯，说话者就无法回溯超越它们。接近词语原初位置的不可能性就是音乐。在其中，某种不能在语言中言说的东西可以表达出来。十分明显的是，当我们演奏或聆听音乐时，演唱首先庆祝和哀悼了言说的不可能性，或喜或悲，或颂扬或哀悼，这就是接近词语原初事件的不可能性，也正是这种不可能性将人构造为人。

א 缪斯的颂歌是赫西俄德《神谱》的序言，说明诗人已经注意到了在缪斯背景之下以一首歌开始提出的问题。序言的双重结构，即开头重复了两遍（第 1 行："让我们从赫利孔的缪斯开始唱歌吧"；第 36 行："来吧，让我们从缪斯开始"），这不仅仅是因为这是在传统的颂歌结构中引入诗人与缪斯女神相遇的史无前例的篇章的必然要求，在传统结构中，这绝对是想不到——正如保罗·菲利特兰德（Paul Friedländer）十分敏锐地指出的 。这样无法预见的重复，还有一个更重要的理由，这涉及诗人的用词（presa di parola），或者更准确地说，陈述行为在领域中所占的位置，在那里，不知道是取决于诗人还是取决于缪斯女神。第 22–25 行非常重要，学者们没有看到，在这里，言语突兀地从叙述的第三人称变成了包含转换词"我"的陈述行为（第一次是宾格的我［με］，随后，在下一行中，变成了与格［μοι］）：

> 有一天［ποτε］，她们（缪斯女神）教给赫西俄德一首光辉的歌，而他正在神圣的赫利孔放牧他的羊群：这些话（πρώτιστα），女神们第一次对我［με］说［……］

很明显，问题在于诗人引入了“我”，作为这个情境下的陈述主体，在这个背景下，诗歌开始的颂歌毫无争议地属于缪斯女神，不过，由诗人来道出：“来吧，让我们从缪斯开始”（μουσάων ἀρχώμεθα）——或者更恰当地说，如果我们注意到动词的中间形式和非主动形式：“从缪斯开始，我们开始，并接受缪斯的引导”，事实上，缪斯女神带着赞许之声诉说“现在、将来及过去的事情”，“从她们的嘴唇里流出甜美的歌声”（第 38–40 行）。

词语的缪斯起源和陈述的主语形式之间的比较，在如下事实中得到了强化，即颂歌（整首诗，有一个例外，诗人在第 963–965 行有一句公然的重奏：“现在该说再见了……”）在叙事形式下，述说了缪斯的诞生，以及谟涅摩绪涅（Μνημοσύνη）与宙斯缠绵了九夜，列出了她们的名字——在这个阶段，还没有将她们的名字对应到各个特殊的文学风格（“克利俄、欧特耳佩、塔利亚、摩尔博墨涅、特尔普霍瑞、厄拉托、波吕穆尼亚、乌剌尼亚、卡利佩俄，卡利佩俄是她们中最突出的”）——这描述了她们与诗人的关系（第94–74行：“正是由于缪斯和远射者阿波罗的教导，大地上才出现了歌手和琴师……缪斯所爱的人是快乐的，甜美的歌声从他的口中流出”）。

词语的起源是缪斯性地（音乐性地）决定的，言说主体——诗人——必须每一次都面对他起源的问题。即便缪斯已经失去了她们在古代世界里拥有的宗教意义，诗歌的层次仍然依赖于诗人用音乐说出他难以用言辞表达出来的东西的方式，即他如何占有了并不属于他的世界，他又是向谁借来了他的嗓音。

2.

缪斯女神唱着歌，并教会了人们唱歌，因为她们用象征表现了言说的存在物不可能在总体上占有语言，而语言就是他的生命的寓居之所。这个外在性标志着人类的唱和其他生物的唱之间的差距。存在着音乐；人们不只会言说，而且他们感觉到需要唱歌，因为语言并不是他们的声音，因为他们寓居在语言中，而不能把语言变成他们的声音。人类歌唱着，庆祝和怀念他们不再拥有的声音，正如《斐德罗篇》中蝉的神话所教导的那样，唯有当他不再是人，而成为动物的时候，他才会再次发现他的声音（“当缪斯诞生，并开始唱歌时，一些人对她们的歌声如痴如醉，他们唱着唱着，忘记了食物和酒水，直到最后，他们无意识地死去。在那之后，蝉的部落才徐徐兴起……”［《斐德罗篇》，259b-c］）。

因此，在归属于词语之前，情绪必然属于音乐：平稳、无畏和严格属于多利克调，哀婉和伤感属于伊奥尼亚调和吕底亚调（《理想国》，398e-399a）。尤其在 20 世纪哲学的名著《存在与时间》中，人向世界的最初的敞开，并不是通过理性知识和语言发生，而是通过情绪（Stimmung）发生的，情绪一词可以回溯到声音上（Stimme 意思就是声音）。缪斯女神——音乐——标着人与他的语言之间，声音和言说之间的分裂。人向世界最初的敞开不是言说性的，而是音乐性的。

א 这里不仅延续了柏拉图和亚里士多德，还有像达蒙这样

的音乐学家，甚至还有立法者，他们都谈到千万不能将音乐与词语分开。在《理想国》中苏格拉底指出，“歌中的语言与那些并非演唱的词语(μὴ ᾀδομένου λόγου)没有什么分别，它们都符合同样的模式”(398d)，之后不久，他十分坚定地陈述了一个原理，按照这个原理，“和谐和韵律必须依从于话语(ἀκολουθεῖν τῷ λόγῳ)”。然而，同样的说法“歌中的语言”，导致了在歌中有某种不能还原为词语的东西，正如坚持歌与词语不可分割背离了这样一个意识，即音乐显然是可以分离的。或许正是因为音乐处于词语原初位置的外部，它相对于语言保持它的独立性也就可以理解了。不过，出于同样的理由，认为这并不完全将它们结合在一起的关系分裂开来，这种看法同样是可以理解的。

在公元前 5 世纪末到公元前 4 世纪头十年间，古希腊事实上经历了一场音乐风格上的现实革命，与这场革命相关的名字有麦拉尼皮德斯(Melanippide)、基内西亚斯(Cinesia)、弗里尼德斯(Frinide)，尤其是米利都的提摩太(Timoteo di Mileto)。语言体系和音乐体系之间的分裂变得更加难以弥合，在公元前 3 世纪的时候，音乐已经无法明显地支配言辞。但像阿里斯托芬这样细心的观察者（在他的《蛙》的滑稽剧中）意识到，让曲调从属于以诗歌为基础的歌词，已经贯穿在欧里庇得斯的悲剧之中了。在阿里斯托芬的喜剧中，关于音节重复增加了许多音符，通过将动词“转”（εἱλίσσω）变成了εἱειειειλίσσω。无论如何，尽管遭到了哲学家的抵制，亚里士多塞诺斯（Aristosseno，他是亚里士多德的学生，并批判了新音乐带来的变化）在他论音乐的著作中不再把韵脚（piede metrico）的声音统一性置于演唱的根基，而是强调纯粹的不依赖于节拍的音乐统一性，他称之为“第一速度”（tempo primo，χρόνος πρῶτος）。

在音乐史上，对哲学家的批评似乎都格外保守（不过多个世纪之后，佛罗伦萨的卡梅拉塔［Florentine Camerata］、文森佐·伽利略［Vincenzo Galilei］以及在圣嘉禄［Carlo Borromeo］的强制性界定“唱是情绪，词语才是知识”［cantum ita temperari, ut verba intelligerentur］，在对古典的颂歌的重新发现中重复了这些批评）。但在这里我们感兴趣的反而是它们之间对立的深刻理由。如果像今天的情况一样，音乐与词语之间再没有必然关联，这意味着，一方面，音乐失去了对它的缪斯本性的察知（即察觉它处于词语原初发生的位置上）；另一方面，言说者忘却了他总是已经带有了音乐的倾向，在根本上，他要面对接近词语的缪斯性位置的不可能性。演唱的人（Homo canens）和言说的人（homo loquens）分道扬镳了，忘却了他们与缪斯绑在一起的关系。

3.

如果在这个意义上，接近词语是由缪斯决定的，我们就可以理解：对于古希腊人来说，音乐和政治之间的关系是如此明显，以至于柏拉图和亚里士多德都是在他们讨论政治的著作中来讨论音乐问题的。他们所谓的音乐技艺（μουσική，包括了严格意义上的诗歌、音乐和舞蹈）与政治的关系如此紧密，以至于在《理想国》中，柏拉图也要听从达蒙的格言，“邦法不立新，无以更新乐制”（424c）。人们聚集在一起，通过语言组成了城邦的政制，但语言的经验——由于不可能把握它的起源——反过来通常需要用音乐来限定。言说（λόγος）的无根基性，导致音乐的至上性，所有的言说总是通过缪斯般的旋律才成为可能的。因此，在每一时代里，人总是或多或少有意识地进行政治教育，而用乐教来为政治教育作准备，甚至在已经通过语言发生转变的传统和戒律发生之前也是如此。古希腊人完全了解我们假装不知道的事实，即我们不仅有可能通过语言，而且首先是通过音乐来操控一个社会。好比对于一个士兵，号角和鼓点是最有效地实现长官命令的方式（甚至不仅仅如此），所以在所有的领域中，在所有的言说之前，行为和思想之前的感觉和情绪都是在音乐中被决定和引导的。在这个意义上，音乐状态（stato della musica，在这个词中包含着我们不精确地界定为“艺术”的全部范围）界定了一个既定社会的政治条件，它远胜于其他任何指标，如果我们真的想要改变一个城邦的统治，首先就必须改变它的音乐。今天我们的城市里任何时候在任何地方都流行着恶劣的音乐，这与统治城市的坏的政治是密不可分的。

א 有意思的是，亚里士多德的《政治学》实际上也是一篇论音乐的论文——或者毋宁说是论述音乐对城邦公民政治教育的价值的论文。亚里士多德实际上一开始就宣

布，他看待音乐，不是作为一种娱乐形式(παιδιά)，而是作为教育(παιδεία)的一个主要部分，即在某种程度上，作为其目标，音乐有着美德："正如体育运动可以产生某种特别的身体素质，音乐也能产生一种特殊的品质(ethos)。"(1339a24)亚里士多德的音乐概念的中心议题就是，音乐对灵魂产生的影响："但十分明显，我们都通过不同的方式，受到了不同类型音乐，尤其是奥林匹亚的旋律的触动和影响，因为大家公认这些音乐可以让我们的灵魂更加热忱(ποιεῖ τὰς ψυχὰς ἐνθουσιαστικάς)，而热忱是一种灵魂中品质的情感(πάθος)。此外，当人们聆听音乐开始模仿时，由于旋律和曲调，所有人都被抛入到一种感觉的共情状态(γίγνονται συμπαθεῖς)，即便没有一个词。"(1340a5-11)亚里士多德解释说，这种情况之所以会发生，是因为韵律和曲调包含了对愤怒、温顺、勇气、精神和其他伦理品质的意象(ὁμοιώματα)和模仿(μιμήματα)。因此，当我们聆听音乐的时候，灵魂受到不同方式的影响，和不同的音乐调式相配：在混合吕底亚调式中的"哀婉和克制"，在多利克调式中的"沉着(μέσως)和坚强"，在佛里吉亚调式中的"热情"的曲调(1340b1-5)。这样，他将不同的调式和旋律分类为伦理曲调、实践曲调和热情曲调，建议最好用多利克调式来教育年轻人，因为它"更坚强"(firmer)，具有刚健的气质(ἀνδρεῖον)(1342b14)。和他之前的柏拉图一样，亚里士多德在这里指向了一个古代传统，将音乐的政治意义等同于灵魂中的秩序(与之相反，就是灵魂的兴奋和混乱)。有材料告诉我们，在公元前7世纪的时候，当斯巴达出现城邦秩序混乱的时候，神谕要求召唤特尔潘德(Terpandro)，一位来自莱斯沃斯岛的诗人，他演唱着，让城邦回归秩序。斯特西克鲁斯(Stesicoro)也讲述了城邦洛克里斯(Locri)发生内乱时的同样的事情。

4.

由于柏拉图，哲学开始作为雅典城邦对音乐性的组成的批判与超克。伊翁是雅典的化身，这个令人着魔的游吟诗人远离了缪斯女神，就像金属指环离开了磁石一样，雅典人再无可能去考察他们的知识和他们的行为，即去"思考"它们。"因为磁石不仅仅吸引着金属指环，而且也传授给它们一种力量，使金属指环能像磁石一样做同样的事情，即去吸引其他指环，于是有时候会形成相当长的指环链，一个连着一个，但它们的力量都来自那块磁石。同样，缪斯女神用神性启发了人类，那么人类在神性之下一个接着一个彼此传递，将他们凝聚为一个链条……观众仅仅是链条的最后一环……你，游吟诗人，是这条链条的中间环，而诗人是第一环……事实上，你并没有说你从你自己的技艺或知识，而是从神的意图（θείᾳ μοίρᾳ）来谈论荷马。”（《伊翁》，533d-534c）

反对缪斯性的娱乐（παιδεία），将哲学作为“真正的缪斯”（《理想国》，548b8）和“最高的音乐”（《斐多篇》，61a），这涉及回到过去超越词语原初事件的启示的意图，而词语原初事件的门槛被缪斯女神防护和隔离了起来。而诗人、游吟诗人，以及更一般地说，所有拥有美德之人，都是按照他们无法考察的神的意图（θείᾳ μοίρᾳ）来行动，在这里，关键是在一个比缪斯的启示及其痴狂（μανία）之外更原初的位置上来奠定言说和行为的基础。

因此，在《理想国》（499d）中，柏拉图可以将哲学定义为缪斯自身（αὐτὴ ἡ Μοῦσα，或缪斯的观念，后面接

冠词的 αὐτὴ，就是表达观念的专业词汇）。这里的关系是哲学专属的位置：它对应于缪斯的位置，即与词语的起源相一致——在这个意义上，哲学必然是序言性的。这样，哲学家将自己定位在语言的原初事件之中，他必须帮助人们回到成为人的原初位置上，从那个位置出发，他们才能记起那个他们尚未成为人的时刻。（《美诺篇》［86a］：“他还没有成为人的时候［ὁ χρόνος ὅτ᾽ οὐκ ἦν ἄνθρωπος］。”）在（作为缪斯女神的母亲的谟涅摩绪涅）的记忆中，哲学侵犯了缪斯的原则，这样，哲学将人从神之目的之下解放出来，让思想成为可能。事实上，一旦回溯超越了缪斯的启示（缪斯不容许人了解他们所说的东西），人变成裁决者，成了他自己的言辞，自己行为的守护者和见证者，这时思想就成为一个敞开的维度。

א 不过关键在于，在《斐德罗篇》中，哲学的任务不仅仅是取信于知识，而且是相信一种特殊的迷狂（mania）形式，它与其他迷狂相似，但同时又与其他迷狂相区别。事实上，这第四种迷狂——情欲的迷狂——与其他三种迷狂（先知迷狂、仪式迷狂、诗性迷狂）不同，在本质

上，它又是由两个特征来决定的。首先，它与灵魂的自我运动（αὐτοκίνητον，245c）关联在一起，它并非由别的东西，而是它自己触动的，因此，它是不朽的；此外，它也是一个记忆的操作，即记得灵魂在神的视野里看到的东西（“这就是我们灵魂曾经看到的记忆［ἀνάμνησις］”［249c］），这就是界定其本质的思乡症（“这是关于第四种迷狂的全部言说的最终的点，在那里，我们看到了最美的东西，回忆其最真实的美丽……”［249d］）。这两个对立于其他迷狂形式的特征，其触动原理外在于它（在诗性讽刺剧中，这就是缪斯），启示不能通过记忆来回到决定并让他开始言说的地方。在这里，不再是缪斯来启示，而是她们的母亲谟涅摩绪涅在启示。换句话说，柏拉图将启示颠倒为记忆，而将神的意图（θείᾳ μοίρᾳ）颠倒为记忆，就界定了他自己的哲学立场。

作为一种触动和启示自身的迷狂，哲学迷狂（因为这就是关键所在：“只有哲学的心灵带有翅膀”249c），也就是对迷狂的迷狂，一种将迷狂或启示本身作为对象的迷狂，因此它来自缪斯原则出现的地方。在《美诺篇》的结尾（99e-100b），苏格拉底肯定地说政治美德既不是按照自然(φύσει)也不是按照教导(διδακτόν)的传承来获得的,而是在无意识的神的意图(θείᾳ μοίρᾳ)之下产生的,因此,政治家不能将之告知其他公民,他只能隐晦地将哲学作为某种东西,若不跟神的意图或知识,就不能产生心灵中的政治美德。但是,这仅仅意味着它处在缪斯女神的位置上,并且取而代之。

说得更直白点,瓦尔特·奥托(Walter Otto)已经十分正确地看到,"先于人类言辞的声音属于物的存在,就像神的救赎一样,在其本质和荣耀中让其昭然于天下"。缪斯提供给诗人的词语来自物自身,在这个意义上,缪斯就是揭示自身,传播自身的存在物。因此,对缪斯女神最古老的描述,如珍藏在罗马国家博物馆里的壮观的缪斯女神之一的墨尔波墨涅(Melpomente)雕像,将她表现为仙子般丰腴的少女。回到缪斯原则,哲学家要面对的不仅仅是语言学的东西,而且尤其是面对通过词语揭示出来的存在自身。

5.

如果音乐在根本上注定与语言的极限经验密切相关；如果，反过来说，语言的极限经验——以及语言下的政治——受到了音乐的限制，那么对我们时代的音乐的分析就需要从注意到如下事实开始，即今天的音乐所遗失的正是缪斯极限的经验。语言在今天是作为闲聊出现的，这种闲聊不会冲击它的极限，似乎不再关注它与它所不能说出的东西之间的紧密关系，即与人尚未成为言说的人的时刻的关系。与没有边界和前沿的语言相对应的，是不再有缪斯般曲调的音乐，而回到了起源的音乐，对应于没有连贯性和位置的政治。当一切都可以无关痛痒地说出，歌唱就消失了，随之消失的还有与之缪斯般地关联在一起的情绪。我们的社会——在其中，音乐似乎疯狂地穿透了所有的地方——实际上是第一个没有缪斯（或非缪斯）曲调的人类共同体。一般人感觉到的沮丧和冷漠，不过是与语言缪斯般的关联的丧失的标志，表现为作为其结果的政治消逝之后的综合征。这意味着缪斯般的关联，已经失去了与语言极限的关系，不再产生神的意图（θεία μοίρα），只有某种空洞的任务和启示，也就是说，只在原地转圈圈。忘却了原初的统一，语言和音乐彼此走向殊途，不过又在同一个空洞中统一起来。

א 在这个意义上，今天的哲学只能作为对音乐的重构才是可能的。如果政治的消逝与缪斯经验的失去是一同发生的，那么今天政治的任务在根本上就是一个诗性的任务，对此，艺术家和哲学家必须同心协力，携手并进。今天的政治家不会思考，因为他们的语言和他们的音乐都是失却了缪斯的原地转圈圈。如果我们将思想作为每一次试图接近词语的缪斯原则的经验时敞开的空间，那么，今天我们需要面对的就是思考的不可能。如果按照汉娜·阿伦特的说法，思想与打破句子和声音的无意义流动的能力相一致，那么打破这种流动，让其回到缪斯性的位置，这就是今天哲学的终极任务。

- 参考文献 -

Abelard, Peter. 1919. "Logica ingredientibus." In *Peter Abaelardus philosophischen Schriften*, ed. Geyer. Münster: Aschendorff.

Agamben, Giorgio. 1999. "The Thing Itself." In *Potentialities: Collected Essays in Philosophy*, trans. D. Heller-Roazen. Stanford, CA: Stanford University Press.

Alexander of Aphrodisias. 1891. *Alexandri Aphrodisiensi in Aristotelis Metaphysica commentaria*. Edited by M. Hayduck. Berlin: Reimer.

Ammonius. 1897. *Ammonii in Aristotelis* De interpretatione *commentarius*. Edited by A. Busse. Berlin: Reimer.

Arnim, Hans von. 1903. *Stoicorum Veterum Fragmenta*. 4 vols. Leipzig: Teubner.

Badiou, Alain. 2005 [1988]. *Being and Event*. Translated by O. Feltham. London: Continuum.

Benjamin, Walter. 1977 [1963]. *The Origin of German Tragic Drama*. London: Verso.

Benveniste, Émile. 1973 [1969]. *Indo-European Language and Society*. Miami, FL: Miami University Press.

——, 1974. "Sémiologie de la langue." In *Problèmes de linguistique générale*. Paris: Gallimard.

Bréhier, Émile. 1997. *La théorie des incorporels dans l'ancien stoïcisme*. Paris: Vrin.

Cherniss, Harold F. 1944. *Aristotle's Criticism of Plato and the Academy*. Baltimore: Johns Hopkins Press.

Courtenay, William J. 1991. "Nominales and Nominalism in the Twelfth Century." In *Lectionum varietates: Hommage à Paul Vignaux*, ed. J. Jolivet, Z. Kaluza, A. de Libera. Paris: Vrin.

Dal Pra, Mario. 1974. *Logica e realtà: Momenti del pensiero medievale*. Bari: Laterza.

Derrida, Jacques. 1967. *De la grammatologie*. Paris: Les Éditions de Minuit.

Descartes, René. 1953. *Correspondence avec Arnauld et Morus*. Edited by G. Rodis-Lewis. Paris: Vrin.

Diano, Carlo. 1973. "Il problema della materia in Platone." In *Studi e saggi di filosofia antica*. Padua: Antenore.

Duhem, Pierre. 1908. *Sōzein ta phainomena: Essai sur la notion de théorie physique de Platon à Galilée*. Paris: Vrin.

——, 1913. *Système du monde: Histoire de doctrines cosmologiques de Platon à Copernic*. Vol. 1. Paris: Hermann.

Friedländer, Paul. 1914. "Das Proömium von Hesiods Theogonie."

Hermes 49: 1–16.

Heidegger, Martin. 1987. *Heraklit*. Frankfurt: V. Klostermann.

Koyré, Alexandre. 1962. *Du monde clos à l'univers infini*. Paris: Presses universitaires de France.

Mallarmé, Stéphane. 1945. *Œuvres completes*. Edited by J. Aubry and H. Mondor. Paris: Gallimard.

Meinong [Ritter von Handschuchsheim], Alexius. 1921. "Selbstdarstellung." In *Die deutsche Philosophie der Gegenwart in Selbstdarstellung* ed. R. Schmidt. Leipzig: Meiner.

Melandri, Enzo. 2004. *La linea e il circolo: Studio logico-filosofico sull'analogia*. Macerata: Quodlibet.

Milner, Jean-Claude. 1982. "Anaphore nominale et pronominale." In Milner, *Ordres et raisons de la langue*. Paris: Seuil.

——,1985. *Libertés, lettre, matière*. Paris: Le Perroquet.

More, Henry. 1655. *An Antidote against Atheism*. London: Flesher.

——, 1671. *Enchiridion Metaphysicum*. London: Flesher.

Mugler, Charles. 1959. *Dictionnaire historique de la terminologie géométrique des Grecs*. Paris: Klincksieck.

Newton, Isaac. 1730. *Opticks: Or, A Treatise of the Reflections, Refractions, Inflections and Colours of Light*. London: William Innys.

Otto, Walter. 1954. *Die Musen und der göttliche Ursprung des Singens und Sagens*. Düsseldorf: Diederichs.

Paqué, Ruprecht. 1970. *Das Pariser Nominalistenstatut: zur Entstehung des Realitätsbegriffs der neuzeitlichen Naturwissenschaft*. Berlin: De Gruyter.

Philoponus, Johannes. 1898. *Philoponi (olim Ammonii) in Aristotelis categorias commentarium*. Edited by A. Busse. Berlin: Reimer.

Rijk, Lambertus M. de. 1956. "Introduction." In Peter Abelard, *Dialectica*, ed. de Rijk. Assen: Van Gorcum.

Schubert, Andreas. 1994. *Untersuchungen zur stoischen Bedeutungslehre*. Göttingen: Vandenhoeck & Ruprecht.

Sextus Empiricus. 1842. *Adversus mathematicos*. Edited by A. I. Bekker. Berlin: Reimer.

Usener, Hermann. 2000 [1896]. *Götternamen: Versuch einer Lehre von der religiösen Begriffsbildung*. Frankfurt: Klostermann.

Wittgenstein, Ludwig. 1961 [1921]. *Tractatus Logico-Philosophicus*. Translated by D. F. Pears and B. F. McGuiness. London: Routledge.

——, 1977. *Vermischte Bemerkungen*. Frankfurt: Suhrkamp.

- 译后记 -

语音的幽灵与空域

在《幼年与历史》的序言中，阿甘本提到，他一直有一本未完成的著作，甚至他到那时为止的所有著作，都只能算是他这本未完成著作的序言。有趣的是，阿甘本这篇序言，并不是一开始就完成的。他的《幼年与历史》完成于 1977 年，那时阿甘本的文笔带着锐利的锋芒，也具有一股青涩的气息。不过，有趣的是，在《幼年与历史》于十一年后（1988 年）再版时，阿甘本特意为这本他早年作为思想历练的著作加上了一篇掷地有声的序言《语言实验》（Experimentum Linguae）。按照阿甘本自己的说法，之所以需要这篇新的序言，正是因为他在完成《幼年与历史》和《语言与死亡》之后，觉得意犹未尽，或者说，还有一些他想说而未能说透的东西。所以，他一直觉得有一个主题他没有真正去触碰，这就是语音，或者说人类的语音。他有一个计划，想写出一本题为“论人类语音”(La Voce umana)或“伦理学，论语音”(Etica, ovvero della voce)的著作，但至少在那个时期，阿甘本并没有将这个计划付诸实施。然而，正如阿甘本自己所说，这本未完成的著作，似乎构成了一个巨大的空缺，一条无法跨越的鸿沟，以至于他此后几十年的写作(包括著名的“神圣人”系列)都是为这本尚未写出的著作写的“序言”(proem)[1]。这个问题仿佛成了德里达强调过的无限度增补(supplément)，让这样一部关于语音的著作处在无限的延宕和悬搁之中。

2016 年，也就是在完成《幼年与历史》接近四十年之后，阿甘本终于完成了《什么是哲学？》。值得注意的是，这本书的第一篇题为“语音实验”(Experimentum Vocis)，在篇幅上远甚于《幼年与历史》的那篇序言。在表面上，我们很容易看出，两篇同样都以拉丁语为题的序言，即《语音实验》和《语言实验》的关联性。这很容易让我们联想到阿甘本在 1988 年版的序言中许下的承诺，即完成关于人类语音的讨论。但是《什么是哲学？》一书，仍然不是一本专门谈论语音的书。语音问题在书中仅仅作为其中一个哲学问题被讨论。那么，阿

1 在本书中，阿甘本用了一整章来谈序言的问题。他谈到，现在写就的东西总是为今后悬而未述的问题做铺垫，那么，当下写的东西永恒地是指向尚未写就的东西的序言。阿甘本说：“哲学家写就的任何东西(我已经写过的任何东西)都只是一部未写就的著作的序言[……]。”(本书第 168 页)

甘本究竟在这本新的著作中讨论了什么？为了解释这个问题，我们不能停留在《什么是哲学？》的文本之内，而要将从《语言实验》到《语音实验》的变化看成阿甘本整个哲学规划的一次长征。他关于语言哲学的著作，如《语言与死亡》《潜能》《语言的圣礼》，实际上都是围绕这样一个轴线来变化的。即便那些非语言哲学的著作，如《神圣人：至高权力和赤裸生命》《王国与荣耀》《身体之用》，其核心问题也是在这条轴线上展开的。可以说，如果要真正理解阿甘本为我们展现出来的哲学画卷，我们就必须透过那些丰富的表象，在从《语言实验》到《语音实验》的轴线上来领悟阿甘本的思考。

1. 语言实验：从 onto-logia 到 filo-sofia

> 大道汜兮，其可左右。万物恃之以生而不辞，功成而不有。衣养万物而不为主，常无欲，可名于小；万物归焉而不为主，可名为大。
>
> （《道德经·三十四章》）

这段源自《道德经》的文字实际上奠定了一个基本的论调：道为玄妙之门，不可言说，不可名状。庄子亦将人之于道，比作鱼之于水。这样，我们看见世间之万象，乃依诸无常之大道。我们看不见，也无法言说这个大道，但是这个大道却成为我们面对这个世界,在世界上存在的基底。于是，孙周兴教授主张将晚期海德格尔的概念 Ereignis 翻译为《道德经》中的“大道”[1]，也就是说，晚期的海德格尔不再试图澄清存在，而是试图通过 Ereignis 来触及那个最玄妙无常的大道。

1966 年，年轻的阿甘本从意大利赶到了法国勒托，在那里聆听了海德格尔的课程。那年夏天的课程是关于赫拉克利特残篇中的言说(λόγος)问题，讲座的切入点就是残篇的一句话:“现在，关于 λόγος，关于在其存在中的存在者，人们从未对之有所理解。”[2]一方面，海德格尔否定将言说(λόγος)本身当成存在者的可能性。另一方面，他也不认为言说(λόγος)就代表着永恒真实存在的东西。海德格尔强

1 “海德格尔的 Ereignis 颇近于这样的‘大道’[……]这样一个非形而上学的‘思想的事情’不是逻辑范围可以规定的，它本属‘无名’，勉强名之，则称之为 Ereignis。”(孙周兴:《语言存在论》，北京：商务印书馆，2011 年，第 312 页）

2 马丁·海德格尔:《海德格尔文集·讨论班》，王志宏、石磊译，北京：商务印书馆 2018 年，第 328 页。值得注意的是，除了海德格尔的勒托讲座集收录了海德格尔对赫拉克利特这句话的讲解，阿甘本在《语言与死亡》一书中也提到了海德格尔讲解的这句话，这足以说明阿甘本在语言哲学上的思考与海德格尔晚期思考之间的亲缘关系，参见 Giorgio Agamben, *Langugue and Death*, trans. Karen E. Pinkus & Michael Hardt, Minneapolis: University of Minnesota Press, 1991, p.85。

调的是一种关系，即“λόγος 与 ἐόν（存在着的东西）的同一性（Selbigkeit）”[1]。也就是说，在这个世界上，我们的生存实际上是在两个层次上奠基的。一方面是言说，即 λόγος，或者语言之道；另一方面则是存在着的东西，即 ἐόν，或者万物之道。在《道德经》中，“道”这个词也兼有两个意思，即言说之道和万物之道，被道出的语言和万物各自的存在。所以最为关键的问题，就是这两个方面，即 λόγος 与 ἐόν，如何在我们奠基之处形成了同一性关系？我们如何在思考和言说的同时，将我们的言说指向我们的现实存在？那么，对于海德格尔来说，最重要的问题实际上不是像后来的一些诠释者所说的那样，是人的在世存在或向死而生的存在。海德格尔的命题毋宁是“首先发现那个复现的原初问题的思想追问的位置，亦即首先为此－在建基”[2]。这也就是晚期的海德格尔去追问 Ereignis，而不是继续追问存在的原因。实际上，存在论（Ontologie）是这个原初建基的事件的结果。在原初发生的 Ereignis 里，我们在世界上被同时奠定为 λόγος 与 ἐόν

1　马丁·海德格尔：《海德格尔文集·讨论班》，王志宏、石磊译，北京：商务印书馆，2018 年版，第 328 页。

2　马丁·海德格尔：《哲学论稿：从本有而来》，孙周兴译，北京：商务印书馆，2012 年，第 22 页。

的存在。我们一方面在道说着，另一方面在实存着，而言说（λόγος）与实存（ἐόν）之间的同一性关系，将我们奠定为一个本体–逻辑（onto-loga）[1] 的存在。我们的存在不是用语言去追问实在的世界，也不是将一切实在的世界转化为语言的架构，而是一种原初性的关联，即在原初发生性的 Ereignis 中奠定 λόγος 与 ἐόν 的同一性，即本体–逻辑。

尽管我们无法判别阿甘本究竟在勒托讲座中有过什么样的表现，但可以肯定的是，海德格尔的这个判断十分深刻地影响了青年时代的阿甘本，并将这个问题直接带入他的理解之中。不过，与海德格尔不同的是，阿甘本所关心的问题从一开始就不是本体–逻辑的，即我们如何在一个 Ereignis 中原初性地奠基言说与实在的同一性关系，而是我们是否可能在本体–逻辑的同一性关系之外去思考问题。这或许正是他将早期讨论语言和存在问题的著作命名为“幼年与历史”的原因。实际上，意大利语 storia 兼有历史和故事两种含义。历史是一种存在于语言之中的生成，可以让实存着的事物被言说衔接起来，成为故事，也成为历史。但是问题在于，阿

1 在阿甘本那里，onto-logia 和 ontologia 在意义上有着本质区别。onto-logia 指的就是海德格尔强调的言说和实在的源基性的同一性关系，即本体–逻辑；ontologia 实际上是一种传统的学科化的哲学，试图用言说的方式去追问存在或实在的形而上学，即本体论。

甘本为什么关心幼年？显然，阿甘本并不想涉足儿童发展心理学或儿童语言学领域，而他所使用的意大利语 infanzia 也并不是这个词的表面意思。他将这个词拆分成两个部分，即 in-fanzia，词缀 in 代表否定，fanzia 则代表着言说，那么 infanzia 这个词实际上代表一个例外状态，即无法言说的状态。无法言说不是失语症，因为失语症是生理性的，是大脑内负责表达的部分的损伤造成的。相反，幼年这个概念既是一个隐喻，也是一个语言游戏。婴儿尚未形成规范的语言意识，所以他们遭遇到一个世界，一个直接摆在他们面前的世界。尽管婴儿接触了某些符号，如妈妈对婴儿名字的呼唤，但是，这些符号尚未转化为语义学内容，即婴儿尚未建立起言说与世界的同一性关系。在这个过程中，婴儿必须依赖自己的经验摸索，来建立起自己与世界、自己与言说的关联。我们每一个人都有自己的幼年状态。反过来说，一旦我们能够建立起本体－逻辑的同一性关系，我们便不再处于幼年。

这种在语言与实存之前，即在本体－逻辑之前的幼年状态成为阿甘本最关心的内容。他追问道："在这个意义上，经验的理论只能是幼年的理论，其核心问题是：是否存在着人类的幼年？幼年在人类这里是如何得以可能的？如果可能，它的场所在哪里？”[1]由此可见，阿甘本试图找到属于人类的状态，或者在本体－逻辑的同一性关系建构之前的状态。实际上，阿甘本想比海德格尔走得更远，他所追问的不仅是本体－逻辑的同一性关系得以建构的原初奠基事件，即Ereignis。他还需要探讨在这种同一性关系之前或之外的言说是否可能。这就是阿甘本试图进行的语言实验，阿甘本说：

> 人不仅认识或说话，他既不仅是智人（homo sapiens），也不仅是说的人（homo loquens），还是会说话的智人（homo sapiens loquendi）。这种结合构成了西方的理解本身，为其知识和技能建立了基础。人类前所未有的暴力的最深根源就在这种语言结构之中。在这个意义上，语言实验所经历的不仅是言说的不可能性，而且是在语言的基础上来言说的不可能性。这是一种经验，通过位于语言和言说之间的幼年，来体验语言的能力或力量。[2]

1 Giorgio Agamben, *Infancy and History: On the Destruction of Expereience*, trans. Liz Heron, London: Verso Books, 1993, p.54.

2 Ibid., p.8.

所以，在《幼年与历史》中，阿甘本的语言实验，是一种指向纯粹语言的语言实验。在成年的历史中，语言丧失了，语言的经验成为本体 – 逻辑的附属品，我们只能在这个同一性关系的架构上来言说，并将这种同一性关系奉为圭臬。也就是说，我们现在所说的语言始终是关于某物的语言，是在本体 – 逻辑的基础上来言说的语言。那么是否存在着一种纯粹的语言，就像“太初有道”那样一种纯粹的道说？当然，阿甘本冀望于一种语言实验，一种以幼年为基础的语言实验，来开启指向我们寓居其中的道说，我们赖以生存的“万物恃之以生而不辞，功成而不有”的纯粹的道说。这是阿甘本的一个期望，正如他所说：“语言实验的唯一内容是存在着语言。我们不能用主流文化模式来将这个实验表达为一种语言，表达为人们代代相传的名称和规则的状态或传承。相反，它是人们始终居于其中，并在其中言说、活动和呼吸的无法假定的非潜态(illatenza)。对于已经有四万年之久的智人来说，人们还没有去思考过这种非潜态，去体现他作为言说存在的经验。”[1]

从这段话中，我们可以清晰地读到阿甘本语言实验的雄

1 Giorgio Agamben, *Infancy and History: On the Destruction of Expereience*, trans. Liz Heron, London: Verso Books, 1993, p.10.

心壮志。哲学或语言哲学，其目的根本不是去研究业已成形的语言架构和形式，或者说，不是去研究既定的本体－逻辑的同一性关系，而是去经历一种特殊的幼年状态，在人类的幼年状态中，他们通过自己的活生生的经验架构其本体－逻辑的关系。这种活生生的经验正是阿甘本所强调的纯粹语言的可能性，即一种非潜态。这种非潜态的语言经验，不是一种原初的给予,也不是某个神灵的启迪。相反,在阿甘本看来,这就是我们人类在幼年的经验，一种通过自己的能力的生成来架构出言说和世界的关联。

于是，我们可以在这个理解的基础上，来阐释阿甘本对哲学的重新解读。在许多传统思想家那里，“哲学”(filosofia)被解释为“爱智慧”，这个词经常被理解为一个动宾结构，即作为人类的主体，对普遍性或绝对性的理智或智慧的爱。爱智慧被视为对真理的追求，是人类主体臣服于绝对力量的标志(无论这种绝对力量是上帝,抑或自然、理性、绝对精神等)。阿甘本关心的是，在我们的激情(爱)与知识(智慧)之间存在着一个原初的分裂。与言说和实在的分裂一样，激情与知识的分裂也是在原初奠基性的事件中形成的。而哲学本身的诞生，既不是让我们像诗人和艺术家一样，从属于内在的激情，也不是用规范的知识体系，为我们套上智慧的枷锁。在阿甘本这里,filo-sofia 和 onto-logia 有着同样的结构。如果说,幼年的语言实验,就是让我们可能在连字符的位置上,建立起实在与言说之间的对应关系,那么哲学就是在爱的激情和认识的理智之间建立同样的对应关系。这样,哲学就从爱智慧的动宾结构,变成了爱–智慧的并列结构,而能够将他们并列起来的就是我们的经验,或我们的品味(gusto)。阿甘本说道:“或许在这里,我们可以理解古希腊语的爱–智慧,知识之爱和爱之知识的意义,它既不是能指的知识,也不是所指的知识,既不是占卜,也不是科学,既不是认识,也不是快感。[……]因为,它超越了能指和所指、表象和存在,以及占卜和科学的形而上的分裂,试图在总体上保存现象。爱的知识,即哲学,意味着:美必须保存真,真必须保存美。在这个双重保存中,认识得到了实现。”[1]

2. 语音的幽灵学

不过,在《幼年与历史》中,阿甘本显然没有达到目的。他希望找到可以在活生生的生命经验中奠基本体–逻辑或

1 吉奥乔·阿甘本:《品味》,蓝江译,上海:上海社会科学院出版社,2019年,第50-51页。

爱－智慧的力量。阿甘本的《语言实验》在最需要展开的地方戛然而止了。尽管阿甘本说明，在奠基西方形而上学的过程中，人类幼年的经验十分重要，但他并没有明确指出我们如何回到一个不可能回去的幼年，我们又如何实现幼年那不可言说的非潜态？或许，想要回答这些问题，在阿甘本那里，都绕不开一个问题，这就是对语音（voce）问题的追问。而这一任务的进一步完成，则是在近四十年之后。问题在于，阿甘本为什么需要在近四十年之后重提一个老问题，即形而上学在语音中的奠基问题。

如果我们将语言与实存的分裂视为西方形而上学的基本问题，那么形而上学的历史就是思考语言与实存的对应关系的历史。惯常的路径，要么是将语言变成实存世界的一部分，变成人的在世存在的一种工具或衍生性存在物，要么是用语言来架构世界，把世界的展开变成在语言的奠基下的展开。实际上，在阿甘本看来，无论是哪种方式，事实上都无法解决语言与实存的原初性分裂，而在本体论和语言哲学之中，这种分裂进一步恶化了。对于传统本体论或存在论来说，世界被区分为本质（essenza）和实存（esistenza），而对于语言哲学来说，语言也进一步被区分为语言（langue）和言语（parole），以及符号（semiotico）和语义（semantico）。也就是说，语言与实存的分裂不仅没有在当代得到解决，反而愈演愈烈了。于是，在既定的语言与实存的对应关系中，我们无法解决本体－逻辑的原初分裂问题，这种问题的解决或许只有在原初的发生处才能看到希望。

实际上，阿甘本在为再版的《幼年与历史》撰写的序言里，已经感觉到幼年概念的脆弱性，因为幼年概念必然触及他未能完成的思考：语音问题。正如他在《语言实验》的结尾处写道："我没有写就的那本书有一个非常不同的假设。语音和语言之间的鸿沟（就像语言与言语之间、潜能与行为之间的鸿沟）可以开启一个伦理和政治空间，这正是因为在语音和语言之间没有关联。"[1] 也就是说，在以往的语言学理解中，语音学实际上依附于语言学，语言的发音构成了语言学的一部分，而语音是由语言学的学科规则所架构的。不过，阿甘本明显谈论的不是普通的发音问题，不是按照辅音和元音等来说出像样的单词和句子的问题。

当我们用语音来使用我们的语言时，实际上存在着一个基础的架构。这个架构是被预设出来的，并在我们的日常行为和思考活动中起作用。在海德格尔那里，我们知道，这种

1 Giorgio Agamben, *Infancy and History: On the Destruction of Expereience*, trans. Liz Heron, London: Verso Books, 1993, p.9.

架构就是语言的奠基性作用，即预设的语言与存在的原初的同一性关系。不过，阿甘本在这里看到了另一个问题："假定语言结构对应于存在方式的特殊性，这等于说为了让被命名的事物存在，就必须消除自身。"[1]也就是说，我们在现实生活中使用的语言其实不是严格意义上的语言，而是预设的语言与实存的同一性关系。这个同一性关系让语言直接滑向了所指示的物的存在。譬如，当我们说"树"的时候，我们所谈的实际上是一种植物，一种所指示的存在物，而"树"这个单词的存在，必须在语言与实存的对应关系中消除自身，否则就会干扰人们对语言的理解。在这个意义上，语言是一种非常脆弱的存在，因为它一旦被道出，实际上也意味着语言本身的消除。语言只在最弱意义上存在着，它在自身的言说中实际上并不指向自身，而是指向语言与实存的对应关系。这样，我们就看到了一个鸠占鹊巢的画面：当我们言说语言的时候，语言本身的位置实际上被所指称的存在物取代。当然，这种被指称的存在物，并不是纯粹的自然之物，而是被语言的预设性架构所秩序化的物。正是由于这种秩序化，物才以被指称的方式出现在语言的结构中，这就是语言与实存

1　本书第 19 页。

的原初性奠基关系。然而，现在的问题是，一旦出现了这种奠基关系，语言本身的位置就被迫被它指称的存在物占据。我们说“树”的时候，“树”这个词语就消失了，取而代之的是具体的指称物之间的关系。晚期海德格尔之所以要区分道说（Sage）和言说（Sparche），正是希望用道说来呈现出纯粹语言的可能性。

被指称的存在物事实上就是本体和语言的意指关系（significato），这种意指关系让语言本身退居到了后台。不过正如很多语言学家所注意到的那样，这种语言并没有消失，而是以另一种形态表达出来，如通过语音来表达出所说的语言。人类的语音不同于动物的嚎叫和嘶吼，在亚里士多德那里，它是清晰的发音（φωνὴ ἔναρθρος），阿甘本解释说：“清晰的发音就是能书写的声音，一种能被字母书写，能被字母理解（即被字母所把握）的声音。”[1] 阿甘本认为这里正是从动物的声音走向人类语音的关键之所在，因为动物的声音和人类的语音最关键的区别不是是否拥有灵魂或者理智，而是是否拥有“清晰的发音”，而“清晰的发音”的标志就是可以被文字记述。正如亚里士多德在《解释篇》的开头提到的：“这样，

1 本书第 34 页。

语音就是灵魂中的感受的符号,而文字则是语音的符号。”[1]尽管亚里士多德并没有就这句话进行深入的解释，但在阿甘本看来，这句话包含了古希腊以降对于语音的形而上学地位的思考，因为我们直接道说的是语音，而不是字母(γράμματα)[2]记述的语言。在我们道说时，正是语音刻画出我们灵魂对于在世界中实存的感触。但是，语音并不是灵魂最终的停泊处，语音是转瞬即逝的，而对语音的解释和把握需要利用另一样东西，即文字语言来实现。我们在世界上的实存(通过灵魂的感触)与文字语言之间，存在一个语音的过渡。语音将我们灵魂的感触阐发出来，而文字通过字母来记述下我们发出来的语音。最终，语言—实存的二元关联，变成了三元关联：语言—语音—实存。

更重要的是，在此后的文明进程中，语音一直与字母文字保持着一种特殊的关联，用阿甘本的话来说：“在语音中，字母被赋予了存在的优先地位，与此同时，也被赋予了语音

1 亚里士多德:《范畴篇 解释篇》,聂敏里译注,北京:商务印书馆 2017 年版,第 47 页。

2 字母与语音的关系是阿甘本的语音形而上学的最基本的关系。不过，显然阿甘本在这里有字母语言中心主义倾向，也就是说，阿甘本的分析建立在字母语言，尤其是印欧语系的语言与语音的关系上，对于东方的语言，如汉语这些非字母语言的分析是不充分的，以至于他在《语音实验》中的分析更多是在印欧语言基础上得出的结论。

的符号和要素的优先地位。”[1]也就是说，由于字母的记述作用，语音在发声之后被字母文字记述下来那一刻便消失了，而剩下的只是字母和其他符号的痕迹。实际上，人的发音是多样化的，不仅是男性和女性、成人和儿童在发音时存在着差异，即便是两个差不多大的亲兄弟或亲姐妹之间，语音也是多样性的。但是字母文字的奠基性意义在于，被转化为字母文字，就意味着多样性的消失，最后沦为统一的标准发音。我们在历史的记录性文字中，只能读到统一的文字内容，如国王讲的“树”和一个士兵讲的“树”是同样的“树”，而里面的发音问题从字母和符号文字中消失了。这并不是真正的语音。语音在转化为字母发音的时候，已经是我们几千年语法教育的结构。语音本身不依赖于字母，但是在现有的语言框架之下，语音被字母文字吞噬、消化。那些无法被字母文字消化的语音，则成了例外状态，阿甘本十分敏锐地指出：“用字母来把语音记录为要素。在这里，我们发现例外的结构——包含性排斥——让对生命的把握有可能变成政治。正如人的自然生命是通过赤裸生命形式的排斥来包含在政治之中的，那么人类语言（毕竟，按照亚里士多德的说法，语言奠定了政治城邦）

1　本书第 33 页。

是通过‘赤裸声音’(阿摩尼乌斯的‘纯声音’)的包含性排斥在语言中产生的。”[1]被字母文字记述包含性排斥的语音成了赤裸声音，这种结构就相当于阿甘本在《神圣人》中分析的赤裸生命。规范化和标准化的生命状态 bios 将无法被标准化的生命变成了例外的赤裸生命，而那些无法被字母和符号文字消化的语音，则成了语音与语言关系中的“赤裸生命”。

于是，我们看到第二次鸠占鹊巢。如果第一次鸠占鹊巢意味着本体与语言的意指关系对于“语言”本身的占位,让“语言”变成了一个十分孱弱的存在，那么这一次，“语言”以字母语言的标准化方式，将多样化的语音变成了一种字母化的文字，最终占据了更为弱势的语音的地位。与之对应的是，语音永远地丧失了自己的位置，成为一个无位(non-luogo)的存在物。我们可以用下图来表示这两次占位关系：

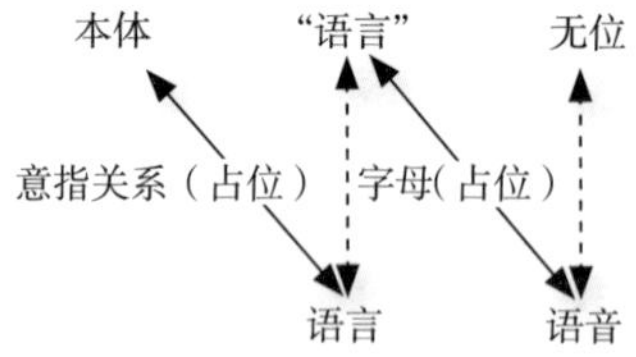

由于字母文字的占有，语音成为本体和语言的关系中最

1 本书第 34-35 页。

后的牺牲品。“语言”以清晰发音的方式获得了自己的脆弱位置，而语音在字母文字之下直接变成了没有位置的存在。在物理层面，语音确实存在着，但是这种物理上的存在被字母文字的言说和记述占据。它在实在层面上出现了，但在本体和语言的本体论关系中，以及字母文字的记述关系中，都不复存在。它发出了声音，却被视同无物。在这个意义上，语音连动物声音的地位也无法企及。也就是说，语音直接变成了现存的意指关系和语言学体制下的幽灵，它在我们本体－逻辑和形而上学最基底的地方游荡着，成为一个游魂。阿甘本试图用语音学（fonologia）来取代传统的本体论或存在论以作为西方形而上学的基础，但这种语音学的实质是一种游荡的幽灵学，一种在场却永远不会出场的幽灵。它构成了西方形而上学最脆弱的一环。

3. 作为空域的语音：重新打开哲学的可能性

在《论文字学》的第一章，德里达也同样引用了亚里士多德《解释篇》中的“语音就是灵魂中的感受的符号，而文字则是语音的符号”这句话。不过，德里达得出了与阿甘本截然不同的判断。在德里达看来，“这是因为语音，是原初符号的生产者,与灵魂有着本质上和直接的近似关联。”[1] 以此为基础,德里达突然将批判的矛头指向了语音,认为亚里士多德将语音放在原初符号地位上,实质上会导致一种语音中心主义(phonocentrisme):“所以,残留在逻各斯中心主义的遗产之中的观念也就是一种语音中心主义,即语音与存在的绝对近似,语音与存在的意义的绝对近似,语音和意义的观念性的绝对近似。”[2] 德里达之所以批判语音,不仅因为亚里士多德将语音上升为灵魂的原初符号,更重要的是,语音构成了一种在场(présent)的绝对优先性。也就是说,在德里达看来,由于作为遗物的语音存在,将某个曾经的在场视为意义发生的绝对中心,从而贬低了文字和痕迹的地位,而德里达的解构策略恰恰是不断在文字和痕迹上进行增补,从而达到延异(différance)。不过,在阿甘本看来,德里达对语音的敌意恰恰来自他对《解释篇》的误读。阿甘本说:

德里达对形而上学的批判建立在对亚里士多德《解

1 Jacques Derrida, *De la grammatologie*, Paris: Les Éditions de Minuit, 1967, p.21. 在汪堂家的《论文字学》中译本里,他将法语的 voix 翻译为“言语”,或许有他的理由。但这里如果这样翻译,就无法体会作为原初符号的语音与日常生活中的普通言语的区别,所以在此不采用该译法。

2 Ibid., p.23.

> 释篇》不充分的阅读基础上，而德里达没有准确地追问《解释篇》中的字母的原初地位问题。形而上学通常已经是一种文字学，而后者是一种奠基逻辑，在这个意义上，由于言说发生在声音的无位处，那么否定性的本体论奠基功能只属于字母，而不属于语音。[1]

阿甘本对德里达的批判表明，德里达实际上混淆了两种语音。一种语音是已经在形而上学之中的语音，即在文字学奠基意义上的语音。这种语音已经有了音节和字母的对应，它已经是被书写下来的文字对应的语音，是被字母所锁定的语音，这种语音实际上是音韵学(fonetica)。而另一种语音则是阿甘本所强调的语音，也是亚里士多德《解释篇》中真正作为灵魂原初符号的语音。这种语音先于字母而存在。不仅如此，这种原初符号的语音，在字母和音标标示的音节出现之后，就消失了，变成了无位的存在。这种无位的语音才是西方形而上学最大的奥秘。德里达的对语音的指摘是错误的。并不是作为原初符号的语音构成了西方形而上学的基础，恰恰相反，西方形而上学滥觞于字母文字对语音的占位。一旦

1 本书第 36 页。

语音被转化为字母或符号，语音就永恒性地从形而上学的范阈中消失了，成了一个游走的幽灵。字母占据语音的位置，让语音沦为幽灵才是西方形而上学的奠基。所以，当德里达将批判的矛头指向语音的时候，他指向的要么是被文字改写后的语音（而这个语音实际上对德里达的文字学没有威胁），要么是幽灵式的语音（如果德里达批判的是这个语音，并以此来捍卫文字学，那么德里达的解构实际上就是西方形而上学的同路人，因为他消除了形而上学基底处最不确定的因素——作为原初符号的语音）。无论采取哪种策略，德里达对语音中心主义的批判都达不到其目的，即撼动西方形而上学的根基。相反，他的解构和延异的策略是后发性的，即始终在坚固的字母文字的根基上跳着最魔幻的舞蹈，但这个舞蹈始终是以字母文字的形而上学为根基的。

如果不能将字母等同于音韵学，即等同于与字母文字对应的发音体系，我们是否还有其他可能来思考那个已经变成无位、沦为幽灵的语音。这或许正是阿甘本将他的《什么是哲学？》一书的序言命名为“语音实验”原因。和早年希望通过幼年来找到那个被占位的纯粹语言的可能性一样，阿甘本也需要找到一种工具，来进行这场语音实验。语音的痕迹只能在考古学意义上来探寻，早在《思想的力量》（中译本即《潜能》)一书中，阿甘本就注意到了柏拉图《书简七》中的一段哲学离题话：

> 每一样存在物都有三样东西，必须借由（δί ὅ）这三样东西，（关于这一存在物的）知识才能产生，而第四样东西就是知识本身——此外还应该补充第五样东西，即那可认识的且真正存在的东西本身——第一是名称，第二是定义，第三是影像，第四是知识。[1]

在这段话中，柏拉图将属于存在物的三样东西与作为纯粹知识的东西区别开来。纯粹知识是在这三样东西基础上发生的，因此，知识与这三样东西直接相关。但是，在这段话中，最奇特的是柏拉图加入了第五样东西，并称之为“可认识的且真正存在的东西本身”，这样东西显然不同于第四样，即知识本身。这样东西既不是存在物，也不是关于存在物的知识，甚至不是普遍意义上的知识。柏拉图将第五样东西命名为“物自体”（αὐτὸ τὸ πρᾶγμα）。对于物自体，阿甘本的解释是：“物自体的本质场所在语言之中，即便对它来说语言当然

1 柏拉图：《柏拉图书简》，彭磊译注，北京：商务印书馆，2018 年，第 98 页。

是不够的，因为柏拉图说，它是语言中最脆弱的东西。我们明显可以悖谬地方式说，物自体在某些方面超越了语言，然而它只能在语言中，并借由语言才是可能的，这就是语言本身。”[1] 阿甘本也注意到,柏拉图多次强调物自体虽然在语音之中，但是并不能将物自体托付于书写，因为物自体一旦被书写下来，它就会丧失自身，变成一个“隐晦的存在物”[2]。

同样的问题也出现在《蒂迈欧篇》中，柏拉图在其中也区分了三样东西:“这样，我们就得承认，首先，存在着理念，不生不灭，既不容纳他物于自身，也不会进入其他事物中，不可见不可感觉，只能为思想所把握。其次，我们有与理念同名并相似的东西，可以感知，被产生，总在运动，来去匆匆，我们通过知觉和信念来把握它们。第三者是空域，不朽而永恒，并作为一切生成物运动变化的场所，感觉无法认识它，而只能靠一种不纯粹的理性推理来认识它，它也很难是理念的对象。”[3] 空域(χώρα)是一个很玄妙的概念。在柏拉图的界定中，空域不是理念，也不是可感物。它既不能用思想来把握，也不能被我们的感性和信念感知，它位于一个空的

---

1 Giorgio Agamben, *La Potenza del pensiero*, Vicenza: Neri Pozza Editore, 2005, p.14.

2 Ibid., p.16.

3 柏拉图:《蒂迈欧篇》，谢文郁译，上海：上海人民出版社，2003 年，第 49 页。

位置上，转瞬即逝。阿甘本的解释是："空域一词意味着未被占据但可以被物体占据的位置或空间。在词源学上，与之相关的词语涉及一个空位，当某物被拿走之后剩下的空位置。"[1] 这样，空域就成了一种幽灵式的存在。在它被道出的过程中，它在原初的基底上建立了绝对理念与可感物的关系，而这种关系一旦建立，空域就消失了。但是，空域的消失并不是真正的消失。它成了一种幽灵般的存在，因为如果没有空域，理念和可感世界，本体与逻各斯之间的关联就无法建立起来。我们在世界上的意义，以及本体－逻辑的对应关系，正是借由空域建立起来的。

我们看到了两个奠基性的幽灵，一个是语音，一个是空域（或物自体），然而，这两个被占位的、游荡着的幽灵是否是同一个幽灵？阿甘本给出了肯定的回答：

> 我们就可以将语音看成语言的空域，那么就不能在语法学上建立与后者的关联，后者的一个符号或要素：相反，在言说的占位发生之时，我们认为存在着某种东西不能还原为言说，一种无法证明又始终如影随形的

1　本书第 132 页。

> 东西。那么，语音就是这种东西，它既不是纯声音，也不是标示性的言语，我们在缺乏感觉和没有意义的推理的交集中来设想这种东西。在摒弃了所有奠基性神话之后，我们于是可以说，作为空域和材料，语音从来不会在语言中被书写出来，它是无法书写的，在语法书写不断演变的历史中，它坚如磐石一般持存着。[1]

由此可见，阿甘本在清除了作为书写对应物的语音之后，面对着一种纯粹语音的可能性，由于字母的占位让语音变成了幽灵，所以语音本身成为了一种空域。这是一种永远无法在书写中表现出来的语音，一种恒定在场，但同时不出现的语音。将语音与柏拉图的空域（物自体）概念贯通起来，的确是阿甘本在语音实验中的一个创见。当我们讨论语言哲学的时候，这种语言实际上已经是在书写和文字语言基础上的语言了。最初建立了我们的思考与世界关联的语音或空域消失了，沦为幽灵了，但是它的确存在于西方形而上学的基底处，正如阿甘本强调的，“在语法书写不断演变的历史中，它坚如磐石一般持存着。”我们一直面对着西方形而上学最后的大

1　本书第46页。

门，即字母文字，它将语音分割成清晰的发音和赤裸的声音。无论如何，那个原初的奠基性的语音已经不复存在了。事实上，阿甘本试图在《什么是哲学？》中告诉我们的是，哲学真正的任务就是打开那扇大门，让语音或空域的幽灵得以重新浮现，让被分割成两半的清晰的发音和赤裸的声音可以重新变成奠基性的语音。唯有如此，我们才能克服西方形而上学的痼疾，重新敞开哲学的大门。或者我们可以这样说，一旦形而上学陷入僵局，那么重启哲学或形而上学的按钮不在于书写文字，而在于那个已经变成幽灵的语音，一种不能被还原为文字的语音。

由于作为空域的语音是本体与语言，绝对理念与可感世界的对应关系的奠基，也是让本体－逻辑和爱－智慧建立起同一性关系的关键所在，因此，哲学的敞开需要我们回到语音之中，寻找一种原初的、没有被转化为字母文字的声音。这种声音如何寻找？阿甘本的答案是缪斯女神的歌声，阿甘本说："缪斯女神唱着歌，并教会了人们唱歌，因为她们用象征表现了言说的存在物不可能在总体上占有语言，而语言就是他的生命的寓居之所。这个外在性标志着人类的唱和其他生物的唱之间的差距。存在着音乐；人们不只会言说，而且他们感觉到需要唱歌，因为语言并不是他们的声音，因为他们寓居在语言中,而不能把语言变成他们的声音。”[1] 缪斯女神将吟唱传授给人类，而这种吟唱相当于人类那种先于文字的声音。音乐式的吟唱是人类最古老的声音。在古希腊的源头处，无论是荷马的《伊利亚特》《奥德赛》，还是赫西俄德的《神谱》《工作与时日》，都不是以书写文字出现的，而是被吟唱出来并被口口传颂的。这意味着吟唱的语音比书写的文字更为悠久，语音首先是一种吟唱。书写文字割裂了吟唱声音与文字语言之间的原初关联，也正是由于缪斯般吟唱的消失，才带来了现代人的忧郁综合征，阿甘本说道:“一般人感觉到的沮丧和冷漠，不过与语言缪斯般的关联的丧失的标志,表现为作为其结果的政治消逝之后的综合征。”[2] 所以,当我们重新拷问什么是哲学的时候，对于阿甘本来说，唯一的路径就是回到哲学或形而上学最原初的奠基处——作为空域的语音。这种语音就是缪斯般的吟唱，它彰显了我们的灵魂与世界最初的关联。那么，哲学的任务，就是对缪斯般的吟唱语音的重构，让那个不安的缪斯灵魂，可以重新开启天与地、灵魂与世界的关联。当俄耳甫斯的竖琴再次响起时，冥府中失却的灵魂将重新找到他们的归属。

---

1 本书第 173 页。

2 本书第 185 页。

*　*　*

阿甘本的著作中，一直有一条明显的语言哲学的线索，贯穿着他1970年代以来的著作。阿甘本的著作有神秘的魅力。乍看起来，他在从事一种枯燥的古典学和词源学研究，但和那些古典学家不一样的是，他并不试图回到一个经典的过去，或在古典文本中寻求权威的解释。他对经典的态度，如他解读柏拉图的《书简七》和《蒂迈欧篇》，解读亚里士多德的《解释篇》和《范畴篇》，事实上都是为了引出他自己的锋刃。他对柏拉图和亚里士多德的解读，无非是为他自己的刺刀装饰上古典的纹理，而这也正是我理解阿甘本著作的一个基本切入点。

细细数来，我翻译了阿甘本的不少著作，已经出版的包括“拜德雅 · 人文丛书”中的《语言的圣礼》《宁芙》和《品味》，南京大学出版社的《敞开》，还有一些虽然翻译完了，但不知道何时能够出版，如“神圣人”系列中的《王国与荣耀》。不过，对于阿甘本著作的挚爱一直都没有在我心头减弱。不断追随阿甘本的最新作品，成为我心中的一个动力。对于我来说，翻译阿甘本是困难的，因为阿甘本的古典学功底及古希腊语和拉丁语功底非常深厚，以至于他的文章中有着大量的古典学文献和词源学的解读。这些东西阅读起来相当精彩，但是对于中文译者来说，却是要命的，因为译者也必须拥有一定的古典学和词源学的知识储备才能涉足其中。这显然是才疏学浅的我无法完全企及的。当然，我竭尽所能，尽量展现出阿甘本著作中所要表达的内涵。但由于自己的能力所限，肯定在翻译中存在很多力有不逮的地方，译文中的讹误由我一人承担，并虚心接受朋友们的批评和指正。

蓝 江

2019 年青年节于南京仙林

图书在版编目（CIP）数据

什么是哲学？/（意）吉奥乔·阿甘本著；蓝江译
.-- 上海：上海社会科学院出版社，2019
ISBN 978-7-5520-2804-1

Ⅰ. ①什… Ⅱ. ①吉…②蓝… Ⅲ. ①哲学理论
Ⅳ. ①B0

中国版本图书馆CIP数据核字（2019）第126842号

上海市版权局著作权合同登记号：09-2019-610

拜德雅·人文丛书

什么是哲学？

Che cosè la filosofia？

著　　者：［意］吉奥乔·阿甘本
译　　者：蓝　江
责任编辑：熊　艳
封面设计：左　旋
出版发行：上海社会科学院出版社
上海顺昌路 622 号　邮编：200025
021-63315900　销售热线：021-53063735
http：//www.sassp.cn　E-mail：sassp@sassp.cn
照　　排：重庆樾诚文化传媒有限公司
印　　刷：上海盛通时代印刷有限公司
开　　本：1092mm × 787mm　1/32
印　　张：7.375
插　　页：2
字　　数：123 千
版　　次：2019 年 7 月第 1 版　2024 年 1 月第 4 次印刷

ISBN 978-7-5520-2804-1　定价：48.00 元

Che cos'è la filosofia?, by Giorgio Agamben, ISBN: 9788874627912

版贸核渝字（2017）第 295 号

拜德雅
Paideia
人文丛书

（已出书目）

语言的圣礼：誓言考古学（“神圣人”系列二之三）	［意］吉奥乔·阿甘本　著
宁芙	［意］吉奥乔·阿甘本　著
奇遇	［意］吉奥乔·阿甘本　著
普尔奇内拉或献给孩童的嬉游曲	［意］吉奥乔·阿甘本　著
品味	［意］吉奥乔·阿甘本　著
什么是哲学？	［意］吉奥乔·阿甘本　著
海德格尔：纳粹主义、女人和哲学	［法］阿兰·巴迪欧 &［法］芭芭拉·卡桑　著
苏格拉底的第二次审判	［法］阿兰·巴迪欧　著
追寻消失的真实	［法］阿兰·巴迪欧　著
不可言明的共通体	［法］莫里斯·布朗肖　著
自我解释学的起源：福柯 1980 年在达特茅斯学院的演讲	［法］米歇尔·福柯　著
什么是批判？自我的文化：福柯的两次演讲及问答录	［法］米歇尔·福柯　著
铃与哨：更思辨的实在论	［美］格拉汉姆·哈曼　著
福柯的最后一课：关于新自由主义，理论和政治	［法］乔弗鲁瓦·德·拉加斯纳里　著
非人：漫谈时间	［法］让-弗朗索瓦·利奥塔　著
从康吉莱姆到福柯：规范的力量	［法］皮埃尔·马舍雷　著
艺术与诸众：论艺术的九封信	［意］安东尼奥·奈格里　著
批评的功能	［英］特里·伊格尔顿　著
走出黑暗：写给《索尔之子》	［法］乔治·迪迪-于贝尔曼　著
时间与他者	［法］伊曼努尔·列维纳斯　著
声音中的另一种语言	［法］伊夫·博纳富瓦　著
风险社会学	［德］尼克拉斯·卢曼　著